Eduard von Martens, Georg Johann Pfeffer

Die Mollusken von Süd-Georgien

Nach der Ausbeute der Deutschen Station 1882-83

Eduard von Martens, Georg Johann Pfeffer

Die Mollusken von Süd-Georgien
Nach der Ausbeute der Deutschen Station 1882-83

ISBN/EAN: 9783743340589

Hergestellt in Europa, USA, Kanada, Australien, Japan

Cover: Foto ©ninafisch / pixelio.de

Manufactured and distributed by brebook publishing software (www.brebook.com)

Eduard von Martens, Georg Johann Pfeffer

Die Mollusken von Süd-Georgien

Die Mollusken von Süd-Georgien

nach der Ausbeute

der Deutschen Station 1882 83.

Von

Prof. Dr. *Eduard v. Martens* und Dr. *Georg Pfeffer*.

Mit 4 Tafeln Abbildungen.

Die vorliegende Arbeit ist eine Fortsetzung der bereits in diesem Jahrbuche gebrachten Abhandlungen über die von der Deutschen Polar-Commission dem Naturhistorischen Museum überlassenen, im Jahre 1882/83 von der Polarstation auf Süd-Georgien gemachten zoologischen Ausbeute. Eine vorläufige Mitteilung über die Molluskenfauna von Süd-Georgien hat, auf dieses Material gestützt, Professor *c. Martens* bereits am 17. März 1885 in der Gesellschaft Naturforschender Freunde in Berlin (Sitzungsbericht No. 3, p. 89—94) erstattet. In der vorliegenden Arbeit ist nunmehr diese erste Mitteilung samt den handschriftlichen Aufzeichnungen des Professor *c. Martens* mit den von Herrn *Schacko* gewonnenen Resultaten über die Zangenzähne einiger Taenioglossen und der von Dr. *Pfeffer* ausgeführten Untersuchung des gesamten Materiales, welches zum Teil erst durch Absuchung anderer Tiere, der Algen und des Detritus gewonnen wurde, zu einem einheitlichen Gesamtbilde der Weichtierfauna von Süd-Georgien verschmolzen. Die Zahl der Arten, welche in der ersten Mitteilung auf 34 veranschlagt wurde, hat sich nunmehr auf 46 gestellt.

Landschnecken kommen auf Süd-Georgien nicht vor, während von Feuerland und Kerguelen je eine bekannt geworden ist; somit ist in dieser Hinsicht Süd-Georgien etwa Spitzbergen unter den nordischen Ländern gleich zu stellen. Ebenso mangeln Süßwasser-Formen völlig. Von Meeres-Mollusken liegen 46 Arten in 27 Gattungen vor, deren Gesamt-Habitus mit hochnordischen übereinstimmt, indem sie meistens klein, nur wenige mittelgroß sind. Die größte, eine Patella, wird bis 59 mm lang, ist aber ziemlich flach; die nächsten, Trophon, Cominella und die hier sehr große Modiolarca trapezina, erreichen noch nicht die Größe von 40 mm. Die Schalen sind durchschnittlich dünn, öfters sehr dünn, nie porzellanartig glänzend und rein weiß, sondern nur weißlich, rötlich, hellbraun, dunkel braunrot oder schwärzlich; wenige, wie einige Chitonen, ein Cyamium und eine Modiolarca sind zweifarbig. Die beiden Züge, Dünnheit der Schale und blasse oder rötliche Färbung, haben sie nicht nur mit den Conchylien des hohen Nordens, sondern auch mit denen größerer Meerestiefen gemein, wie ja überhaupt Tiefsee- und Polar-Fauna in Beziehung zu einander stehen. Bemerkenswert ist noch die starke Ausbildung der Schalenhaut zu einem dicken Filz bei den Gattungen Cominella und Pellilitorina und die Brutpflege bei Chiton (Hemiarthrum) setulosus.

Was die allgemeine Herleitung der Fauna von Süd-Georgien betrifft, so schließen sich grade die in der größten Stückzahl vertretenen Gattungen und Arten an solche von der südlichen Erdhälfte an, wie Trophon, Laevilitorina, Patella, die Chitoniden, Lissarca und Modiolarca; und wenn einige derselben, wie Trophon, Patella und Chiton (in weiterem Sinne) auch auf der nördlichen Erdhälfte verbreitet sind, so liegt doch der eigentliche Schwerpunkt dieser Gattungen in der südlichen.

Von den 27 auf Süd-Georgien vertretenen Gattungen sind 9 nur aus dem antarktischen Gebiet bekannt, die übrigen 17 sind auch im arktischen, oder, wie Mangelia und Cominella Subg. Chlanidota, aus dem subarktischen Bereich vertreten.

Berücksichtigt man die Verbreitung der Gattungen im antarktischen Gebiete, so zeigt sich, daß 9 davon bisher nur von Süd-Georgien bekannt sind. Von diesen sind 2 für die Wissenschaft neu, die übrigen bereits, sei es von der südlichen Erdhälfte oder entgegengesetzt aus der arktischen oder subarktischen Zone bekannt. 16 Gattungen sind Süd-Georgien und der Südspitze Amerikas gemeinsam. Es muß dabei freilich betont werden, daß eine Anzahl derselben in der Litteratur noch nicht von dem letzteren Punkte angegeben ist, daß aber das hiesige Museum eine ziemlich reichhaltige Schab-Ausbeute von der Lemaire-Strasse besitzt, in der sich die Gattungen Saxicava, Philippiella, Nucula und Lissarca außer manchen anderen von der Südspitze Amerikas bisher noch nicht bekannt gewordenen Gattungen vorfinden. Mit Kerguelen hat Süd-Georgien 12 Gattungen gemein, von denen 10 zugleich an der Südspitze Amerikas vorkommen, während 2 vorläufig für Süd-Georgien und Kerguelen eigentümlich sind, nämlich Pellilitorina und Eatoniella.

Von den 47 in der Ausbeute vertretenen Arten sind eigentlich nur 3, nämlich Hemiarthrum setulosum, Lissarca rubrofusca und Modiolarca trapezina, sicher zu identifizieren, während man dies bei 6 anderen, nämlich Pellilitorina setosa, Laevilitorina caliginosa, Eatoniella kerguelenensis, Margarita expansa, Patella polaris und Saxicava antarctica, nur mit einer gewissen Wahrscheinlichkeit zu thun vermag. Betrachtet man diese 9 Arten auf ihre Verbreitung, so finden sich nur 3 zugleich auf Süd-Georgien und an der Südspitze Amerikas, während 6 Süd-Georgien und Kerguelen gemein sind. Es scheint demnach, daß, wenn auch das Verhältnis der Gattungen ein anderes ist, die einzelnen Arten der Süd-Georgien-Fauna sich mehr an Kerguelen als an die Südspitze Amerikas anschließen, trotzdem die letztere nur 20—30, Kerguelen dagegen mehr als 105 Längengrade von Süd-Georgien entfernt ist.

Von den näher dem Südpol gelegenen Süd-Orkney- und Süd-Shetland-Inseln sind bis jetzt nur 2 Mollusken bekannt, Patella polaris und Anatina elliptica; die erstere scheint nach der dürftigen Beschreibung nicht verschieden von der süd-georgischen zu sein; die letztere fehlt bestimmt in der vorliegenden Sammlung.

Die beiden nachfolgenden Tabellen mögen dazu dienen, die im vorigen besprochenen Verhältnisse übersichtlich darzustellen.

Verbreitung der auf Süd-Georgien vorkommenden Gattungen:

	Südspitze Amerika's	Süd-Georgien	Kerguelen	Arktisch
Trophon	*			*
Cominella	—	*	—	(*)
Mangelia	*	*	—	(*)
Pellilitorina	—	*	*	—
Laevilitorina	*	*	*	—
Lacunella	—	*	—	*
Hydrobia	*	*	—	*
Rissoa (s. a.)	*	*	*	*
Eatoniella	—	*	*	—
Skenella	—	*	—	—
Cerithium	*	*	—	*
Liostomia	—	*	—	*
Streptocionella	—	*	—	—
Margarita	*	*	*	*
Utriculus	—	*	—	*
Patella		*	*	(*)
Chiton (s. a.)				*
Eolis (s. a.)	—	*	—	*
Lyonsia	—	*	—	*
Saxicava	*	*	*	*

	Südspitze Amerika's	Süd-Georgien	Kerguelen	Arktisch
Cyamium		*	—	—
Philippiella		*	—	—
Lepton	—		—	
Modiolarca	*		*	—
Nucula	*		—	*
Lissarca	*		*	---
Waldheimia	*	*		*

Verbreitung der auf Süd-Georgien vorkommenden bereits früher bekannten Mollusken:

	Südspitze Amerika's	Süd-Georgien	Kerguelen
Pellilitorina setosa Smith		*	*
Laevilitorina caliginosa Gould		*	*
Eatoniella kerguelenensis Smith	—		*
Margarita expansa Sowerby	---		*
Patella polaris Hombr. Jacqu.	*	*	—
Hemiarthrum setulosum Dall	—	*	
Modiolarca trapezina Lam.		*	—
Lissarca rubrofusca Smith	—	*	*
Saxicava antarctica Phil.	*	*	—

Gattung Trophon.
Trophon brevispira.

Gattung Trophon *Montfort*.

Trophon brevispira Mrts. (Taf. 1, Fig. 1 a. b.) — Sitzungsber. Ges. Naturf. Fr. Berlin 1885, p. 91. — Testa piriformis, varicibus crebris planis et in anfractu ultimo liris spiralibus sat distantibus fenestrata, e violescenti alba; spira perbrevis, conica; anfractus $4^1/_2$ convexi, primus laevis, globulosus, oblique impositus; apertura subovata, ampla, $^3/_4$ — $^4/_5$ longitudinis occupans, margine externo ovato, juxta suturam paululum excavato, margine columellari complanato, violascente, fauce luteofusca, canali brevi, aperto, subrecto.

a) Long. 29; diam. maj. 21, min. 13; apert. long. 22, lat. 10 mm.
b) 35 ? 15 25,5 ?
c) 25 15 12 19,5 8

Schale birnförmig, mit kurzem, konischem Gewinde und weiter Öffnung, welche $^{3}/_{4}$—$^{4}/_{5}$ der Schalenlänge einnimmt. Erste Windung ganz glatt und glänzend, kugelig, schief aufsitzend. Die drei folgenden mit zahlreichen breiten, glatten, weißen Varicen, die Zwischenräume wenig oder gar nicht breiter als dieselben und glatt. Auf der letzten Windung werden die Varicen flacher und unregelmäßig, nur nahe der Naht faltenartig erhoben, gegen 30 an der Zahl, in der Regel durch merklich breitere Zwischenräume getrennt und in diesen Zwischenräumen treten 8—10 ziemlich grobe Spiralleisten auf, wodurch viereckige vertiefte Räume wie Fenster übrig bleiben. Nischen und Spiralleisten weiß, die Zwischenräume zwischen denselben an gut erhaltenen Stücken mehr oder weniger blaß violett. Mündung annähernd oval, Außenrand mehr oder weniger stark gebogen, ziemlich dick, weiß; Columellarrand mehr oder grade und auffallend abgeflacht, mit scharfer Grenze nach außen, blaß rötlich oder blaß violett; Inneres der Mündung lebhaft gelbbraun oder rotbraun, eine ziemlich deutlich abgegrenzte Zone an der Mündung selber weiß; ein Streifen der braunen Färbung erstreckt sich auch auf den Columellarrand. Canal am Columellarrand deutlicher als am Außenrand von der übrigen Mündung abgesetzt, ziemlich grade und offen; vom Eck des Columellarrandes an gerechnet nimmt er ungefähr $^{1}/_{3}$ der Länge der ganzen Mündung ein, von der Einbiegung des Außenrandes an nur $^{1}/_{6}$. Der Anfang des Canales zeigt sich an der Innenfläche des Außenrandes immer durch eine daselbst befindliche kleine Einbuchtung des Randes des braungefärbten Mündungs-Inneren.

Diese Schnecke erinnert durch das kurze Gewinde und den abgeflachten Columellarrand zunächst an einige Purpura-Arten, z. B. Purpura lapillus und noch mehr P. lima und P. Freycineti Desh. (namentlich die bei Middendorf sibir. Reise Taf. 12, Fig. 12 abgebildete Varietät) von Nordwest-Amerika, giebt sich aber schon durch die starken und zahlreichen Varicen der oberen Windungen und dann durch den Bau des Deckels als Trophon kund. T. albolabris E. A. Smith von den Kerguelen kommt ihm näher als die mir bekannten Arten aus der Magelhaens-Straße, hat aber ein verhältnismäßig längeres Gewinde und eine schärfere und dichtere Skulptur auf der letzten Windung. In der Form der ersten Windung und in der Färbung des Inneren der Mündung stimmen beide gut überein. Auch bei anderen typischen Trophon, wie T. Geversianus Pall., laciniatus Martyn, clathratus L. und ambiguus Phil. finde ich die Embryonal-Windung glatt und etwas schief aufgesetzt, doch im Ganzen schlanker als bei unserer Art.

Die in ziemlicher Anzahl und in verschiedenen Wachstums-Stadien vorliegende Art wurde lebendig am Strande bei Ebbe gesammelt; tot gefundene Stücke stammen sowol vom Strande wie aus dem Schlick (9 Fd.).

Trophon ciuguliferus. **Trophon cinguliferus** *Pfr.* (Taf. 1, Fig. 2 a, b.) — Testa ovato-fusiformis, varicibus creberrimis subevanidis, liris spiralibus confertis, subalternantibus cingulata, e griseo alba; spira conica; anfractus 4½ convexi sutura incisa discreti; apertura rotundato-ovata, ⅔ longitudinis occupans, margine externo regulariter arcuato, margine columellari medio uniplicato, inferne fortiter excavato et torto, subappresso, violaceo-brunneo, fauce brunneo-fusca, canali brevissimo, aperto, subrecto.

Long. 24,5. Diam. maj. 16. Diam. min. 10,8. Apert. long. 17. Apert. lat. 7,7 mm.

Schale bauchig spindelförmig, von der Gestalt des Trophon Philippianus Dkr., mit ziemlich hoch conischem Gewinde und eiförmiger Mündung, welche ⅔ der Schalenlänge einnimmt. Die oberen Windungen sind so stark angefressen, daß von der Skulptur nichts wahrzunehmen ist. Die letzte Windung zeigt sehr dicht stehende, fadenförmige Varicen, die aber ganz schwach, an manchen Stellen kaum merkbar ausgeprägt sind; gegen die Mündung zu stehen acht sehr kräftig ausgeprägte, ziemlich dicke, kurz emporstehende Varicen, welche sich, wenn sie über die Spiralleisten laufen, immer etwas erhöhen, sodaß der letzt-gebildete Schalenteil ein krauses Aussehen erhält; im ganzen finden sich auf der letzten Windung etwas mehr als 40 Varicen. Die letzte Windung wird von starken Spiralleisten umzogen, die da, wo sie sich mit den Varicen schneiden, etwas erhöht sind. In der Mitte der Windung stehen die Leisten dichter, was wohl damit zusammen hängt, daß sich hier einige eingeschoben haben; auch in den Zwischenräumen zwischen anderen Leisten findet man zarte Spuren von eingeschobenen Spiralstreifen. Durch das Zusammenwirken der Längs- und Spiral-Skulptur wird, ebenso wie bei der vorigen Art, die Schalen-Oberfläche gefenstert. Während aber bei T. brevispira die longitudinalen Balken die stärkeren sind, sind es bei der vorliegenden Art die spiralen. Die Schale ist weißlich, mit einem schwach gelblich-grauen Ton; wo die Oberfläche abgerieben ist, kommt die bräunliche Farbe der tieferen Schalenschichten zu Tage. Die Mündung ist annähernd oval, der Außenrand sehr stark gebogen, dick und fest. Die Columelle zeigt eine ähnliche Bildung wie bei T. brevispira, d. h. sie würde platt und schwach ausgehöhlt erscheinen, wenn nicht hier die dazukommende starke, schiefe Columellarfalte den Eindruck völlig veränderte. Der obere Teil zeigt eine quere, schräg nach unten laufende Aushöhlung, darunter findet sich eine starke, sehr schräg verlaufende, ungefärbte, an die von Buccinum erinnernde Spindelfalte; unterhalb derselben ist die Columelle sehr stark in der Richtung der Spindelfalte ausgehöhlt. Der unterste Teil der Columelle wird durch einen nicht ganz fest angedrückten Spindelumschlag gebildet. Der oberste Teil des Außenrandes zeigt durchaus keine Einbuchtung, wie sie an der andern Art, wenn auch ungleich deutlich, so doch stets zu sehen ist. Inneres der Mündung lebhaft braun mit violettem Hauch, kurz vor dem Mundrande plötzlich aufhörend, sodaß ein ganz scharf begrenzter, rein weißer Rand übrig bleibt. Gleichfalls violettbraun ist die Columelle, mit Ausnahme des Außenrandes und der Spindelfalte, welche weiß sind. Canal vom Außenrande nicht merklich abgesetzt, daher sein Anfang hier nicht fest zu stellen; am Innenrand beträgt er längst nicht ½ der Mündungslänge.

Die Art ist am meisten verwandt mit T. Philippianus Dkr., dieser ist jedoch bauchiger und hat einen deutlich abgeschnürten, ziemlich langen Kanal; ferner hat die Longitudinal-Skulptur einen ganz verschiedenen Charakter, indem die Varicen weit von einander entfernt stehen (16—18 auf jedem der beiden letzten Umgänge) und zwischen diesen sich eine Anzahl (3—5) schwächerer, etwas)-förmig gebogener Längsfalten findet.

Gattung Cominella *Gray*.

Cominella (Chlanidota) densisculpta *Mrts.* (Taf. 1. Fig. 5 a - f.) — Sitzungsber. Ges. Naturf. Fr. Berlin 1885, p. 91. — Testa ovata, sat tenuis, rugulis spiralibus confertis subundulatis aequalibus sculpta, castanea vel pallidiuscule griseo-flava, periostraco crassiusculo, reticulatim subvilloso, cinereo tecta; anfractus 5, convexi, sutura profunda subcanaliculata discreti, ultimus plus minusve inflatus, rotundatus, latere ventrali plus minusve attritus; apertura ²⁄₃ longitudinis occupans, ovato-piriformis, margine externo simplice, obtuso, margine columellari latiusculo, sat arcuato, laevi, nitido. Operculum parvum, ovatum, subtus et infra truncatum, subspirale, nucleo apicali.

a) Long. 34,5; diam. maj. 21, min. 18; apert. long. 23, diam. 13 mm.
b) „ 31 20 15 22 12

Schale eiförmig, mehr oder weniger breit, mäßig dünn, mit sehr zahlreichen, feinen, gleichmäßigen, etwas wellenförmigen Spiralrunzeln, kastanienbraun oder hell graugelb, mit einer dichten, aschgrauen Schalenhaut mehr oder minder vollständig bedeckt, welche mit stärkeren

Längsleisten versehen ist, zwischen denen schwächere, spiral verlaufende netzartige Verbindungen herstellen; Härchen der Schalenhaut außerordentlich zahlreich, kurz, gerade aufstehend. 5 gewölbte Windungen, durch eine tiefe, fast rinnenartige Naht geschieden; die letzte mehr oder minder aufgeblasen, abgerundet, an der Bauchseite in verschiedenem Grade abgerieben. Die Mündung verhältnismäßig weit, $^2/_3$ der ganzen Schalenlänge einnehmend, Ei-Birn-förmig; Außenrand einfach, stumpf, mehr oder weniger gebogen, bei ganz erwachsenen Stücken innen gelblich gefärbt; Columellarrand ziemlich breit, in etwas verschiedenem Grade eingebogen, glatt, glänzend weiß. Der Deckel (Fig. 3d) ist klein; von etwa $^1/_3$ der Mündungshöhe; sein Umriß, soweit er vom Außen- und Oberrand gebildet wird, umschreibt ein Oval; der etwas convexe Unterrand schneidet das Oval unten etwa rechtwinklig ab, während der Innenrand im stumpfen Winkel sich vom Oberrand absetzt und ebenso auf den Unterrand stößt, an sich etwas concav verlaufend. Der Deckel beschreibt $^1/_4$ Windung. Der Nucleus ist apical und liegt an der Innenecke des Unterrandes.

Die Verhältnisse der äußeren Gestalt wechseln namentlich in Beziehung auf die verhältnismäßige Breite des letzten Umganges recht merklich, die beiden extremen Formen liegen den obigen Maaßangaben zu Grunde.

Die wenigen guten, in verschiedenen Wachstums-Stadien vorliegenden Stücke wurden bei 7—9 Fd. gesammelt; tot gefundene Schalen stammen aus dem Schlick (9 Fd.).

Diese Art erinnert auf den ersten Eindruck durchaus an Volutharpa und dürfte als der antarktische Vertreter derselben zu betrachten sein; doch ist der Columellarrand merklich breiter und dabei stärker gebogen, nicht so grade und linear wie bei Volutharpa, und stimmt dadurch mehr zu Chlanidota (vgl. Conch. Mitteilungen, Bd. I, pag. 43, 44) überein, worauf auch die Bildung des Deckels hinweist.

Von der Art liegen einige zum Ausschlüpfen fertige Embryonen (Fig. 3e) vor, die farblos sind und etwas über zwei Windungen haben. Der Nucleus zeigt lauter punktartige, platte Höckerchen, in deren Anordnung eine longitudinale und spirale Richtung schwach erkennbar ist. Die obersten anderthalb Windungen sind bei Lupenvergrößerung glatt; unter dem Mikroskop bemerkt man dagegen, daß die ganze Schale von dicht neben einander verlaufenden Reifen skulpiert ist; außerdem findet sich eine regelmäßige Ausbildung von eingedrückten Längsstrichen, welche die Spirallinien in kleine, liegende Rechtecke teilen. Die folgende halbe Windung besitzt umlaufende, etwas entfernt stehende Spirallinien, zwischen denen die Schale, besonders auf der oberen Hälfte der Windung, bandartig etwas abgeplattet ist, so daß die Schale schwach kantig erscheint. Über dem zu allerletzt gebildeten Teil der Schale liegt schon die Cuticula als weißes Häutchen, welches nicht die feine Spiralskulptur der obersten Windung, dagegen etwas weitläufigere Reifenbildung aufweist, die jedoch nicht der oben besprochenen, viel weitläufigeren Kantenbildung gleich zu stellen ist. Die feinen, dichten, über die Schalenhaut gehenden Längsleisten entsprechen durchaus denen auf dem oberen Teil der Embryonal-Schale. (Pf.)

Die Eier (Fig. 3 f) sitzen zwischen oder an Tangwurzeln auf einer gemeinsamen Basalhaut, als fast oder zum Teil sich berührende kurze Cylinder von $3^{1}/_{2}$ mm Basis und $2-2^{1}/_{2}$ mm Höhe. Um den oberen Rand des Cylinders läuft innen eine schmale, ringförmige Leiste; dem Rande selber ist eine Art Krempe oder Manschette aufgesetzt, welche etwa $1^{1}/_{2}$ mm breit ist und sich schräg nach außen und oben richtet. Auf der inneren Randleiste der Eikapsel liegt der kreisförmige Deckel auf, dessen Rand deutlich das negative Bild der Leiste zeigt. Der Eindruck einer Eikapsel im ganzen ist der eines auf seinem Boden stehenden Cylinderhutes. (Pf.)

Cominella modesta *Mrts.* (Taf. 1, Fig. 4 a—c.) — Sitzungsber. Ges. Naturf. Fr. Berlin 1885, p. 91. — Testa elongato-ovata, porcis spiralibus obtusis distantibus sculpta, tenuis, alba, periostraco tenui pallide viridulo-flavescente verticaliter striatulo; anfractus 5, superne subplanati, dein angulati; apertura ovata, dimidiam longitudinem paulo superans, intus alba, superne acuminata, margine externo obtuso, paululum expanso, margine columellari leviter torto, complanato, aliquantum attrito. Operculum obovatum nucleo apicali, concentrice dense et subtiliter striatum, levissime cornuto-spiratum.

Long. 13; diam. 7; apert. long. 8, lat. 4 mm.

Schale länglich-eiförmig, mit mehreren stumpf erhabenen Spiralleisten, auf der vorletzten Windung durchschnittlich 5, auf der letzten 12—15, einzelne Exemplare auch mit schwach ausgeprägten Ecken auf denselben, dünn, weiß, mit dünner, blaß grünlich-gelber Schalenhaut, welche eine unregelmäßige, bald feine, bald grobe, bald eng, bald weit stehende, bald niedrig-strichförmige, bald Saum-artig erhabene Bildung von häufig rissig auftretenden Längsleisten aufweist. Umgänge 5, die beiden ersten gedrückt kugelig; die folgenden zunächst der Naht schief abgeflacht bis zur ersten Spiralleiste, welche eine Schulterkante bildet; die letzte Windung unten nur mäßig verschmälert. Mündung über die Hälfte der Totallänge einnehmend, eiförmig, oben mit einer etwas abgesetzten Spitze, innen weiß, Außenrand nur mäßig gebogen, stumpf, ein wenig nach außen sich wendend, Columellarrand unten mäßig gedreht, oben fast gerade, weiß, abgeflacht und nach außen ein Stück weit abgeschliffen. Der Deckel ist eiförmig, das Oberende stumpfer als das Unterende. An letzterem liegt der Nucleus. Die Skulptur ist concentrisch zum Nucleus, die einzelnen Zonen stoßen breitrandig auf der Seitenwand des Deckels; verbindet man die Mitten derselben, so erhält man eine Spirallinie von etwa $1/8$—$1/12$ Umgang.

9 Stücke, am Strande bei Ebbe gesammelt.

Unter der freilich beschränkten Anzahl der im allgemeinen übereinstimmenden typischen Stücke heben sich zwei Formen durch spezifische, positive Charaktere ab:

Forma elongata.

a) Forma elongata *Pfr.* (Taf. 1, Fig. 4 c.) — Die ganze Figur ist schlanker, die Columelle ist nach unten stark verlängert und es bildet sich anstatt des Ausgusses eine Art von Kanal, indem der Außenrand der Mündung nicht, wie bei den typischen Stücken, in starkem Bogen geschwungen, in den Rand der Ausguß-Öffnung übergeht, sondern indem er sich dem unteren Teil der Columelle parallel richtet und in starkem Winkel auf die Ausguß-Öffnung stößt.

Long. 13; lat. 7; diam. maj. 7,2; apert. long. 8,1; lat. 3,5 mm.

Forma undata.

b) Forma undata *Pfr.* (Taf. 1, Fig. 4 d.) — Diese Form ist gedrungen, von typischer Gestalt; über die 2½ untersten Windungen laufen, von der Schulterkante beginnend, starke, breite, an die der Gattung Buccinum erinnernde Wellenfalten, die auf den oberen Windungen über die ganze Höhe der Windung reichen und dicht aneinander stoßen; auf der untersten Windung reichen sie nur über die oberen $2/3$ des Umganges und stehen ein wenig entfernter; nahe der Mündung verschwinden sie. Auf den beiden letzten Windungen zählt man je 11—12 Wellenfalten.

Long. 12; lat. 6,8; diam. maj. 7,8; apert. long. 7,5; lat. 3,6 mm.

Gattung Mangelia *Risso*.

Gattung Mangelia.
Mangelia antarctica.

Mangelia antarctica *Pfr.* (Taf. 1, Fig. 5 a. b.) — Mangelia nigropunctata Mrts. l. c., p. 91. — Testa oblongo-fusiformis, tenuis, spiratim cingulata, cingulis fortibus, superis humilioribus, interstitiis in superiore anfractuum parte cingulis latioribus vel subaequis, in parte basali multo angustioribus; rufo-fusca, fascia humerali latiuscula albida picta; anfr. 6, primus globoso-depressus, paulum obliquus, laevis, albus, sequentes modice convexi, ad suturam decliviter applanati, excepto ultimo costulis subverticalibus sculpti et lineis verticalibus levissimis rudibus subirregularibus densissime striolati; ultimus paullum descendens; apertura dimidiam testae longitudinem occupans, elliptica, margine externo tenui, superne leviter et subampliter sinuato, margine columellari et pariete aperturali callo levi albo tectis; canalis brevissimus, apertus, rectus.

Long. 10; diam. 4; apert. long. incl. canali 3; lat. 2 mm.

Schale länglich-spindelförmig, dünn, von starken Spiralleisten umzogen, die auf dem obersten Teile des Umganges niedriger sind und deren Zwischenräume auf der oberen Hälfte der untersten Windung den Leisten selbst an Breite gleichkommen oder dieselben übertreffen, während sie auf der unteren Hälfte sich allmählich bis zu einem strichförmigen Ritz verschmälern. Die Farbe ist ein frisches Rotbraun; ein helles Schulterband, welches über zwei Leisten und drei Zwischenräume reicht, hat bei abgeriebenen Schalen vielleicht eine rein weiße Farbe, bei den vorliegenden Stücken bedeckt eine ganz feine gelbliche Cuticula die ganze Schale und färbt das Band strohfahl. Von den 6 Windungen ist die erste kuglig-niedergedrückt, etwas schief, glatt und weiß, die folgenden mäßig convex; die Naht verläuft auf den oberen Umgängen etwa um eine Spiralleiste und einen Zwischenraum tiefer als das helle Band; die letzte Windung steigt etwas herab, sodaß drei Leisten und zwei Zwischenräume von brauner Farbe oberhalb der Naht liegen. Die Windungen sind gegen die Naht zu sehr steil ansteigend abgeplattet; sie tragen mit Ausnahme der letzten annähernd vertikale Rippen und sind außerdem von einem System sehr feiner, dichter, nicht ganz scharfer und annähernd regelmäßiger Striche bedeckt. Die Mündung ist etwa gleich der halben Schalenhöhe, mit dünnem, geschwungenen, oben seicht und ziemlich breit ausgebuchtetem Rande. Columelle und Mündungsrand sind von einem dünnen weißen Callus bedeckt. Kanal sehr kurz, offen, gerade. Erinnert in Habitus und Färbung an gewisse kleine, früher zu Fusus und Buccinum gerechneten Formen. — Zwei Stücke.

Der obere Teil der Schale ist von einem unregelmäßig blasigen, dünnen, kalkigen Überzuge bedeckt, der durchaus das Ansehen eines Schneckeneier-Geleges hat. Die einzelnen Blasen sind oval, schwach nach oben gewölbt, 0,6 mm lang, 0,4 mm breit, hell glasartig, selten glatt, meist von einem System querer, entfernt von einander verlaufender Striche überzogen. Außer diesem blasigen Überzuge liegen, unregelmäßig über die ganze Schalenoberfläche zerstreut, entweder einzeln oder zu mehreren neben einander und dann an den Rändern verschmolzen, kleine, glänzendschwarze, etwas körnig-runzlige, mäßig erhabene, nicht ganz 0,1 mm lange Körperchen. Diese sind oval, am einen Ende stumpf abschließend, am andern stärker ausgezogen und in einer wiederum etwas verbreiterten Spitze endigend. Hier findet sich auch eine grubenartige, schwache Einkerbung. Die Körperchen sind dünnhäutig, spröde und splittern leicht ab, wenn man daran schabt. Alle Blasen des Überzuges, welche ich öffnete, waren leer; sie entsprechen nicht etwa je einem darunter liegenden schwarzen Körperchen, sondern die letzteren sind in ganz außerordentlich geringerer Anzahl vorhanden als die Blasen; außerdem liegen schwarze Körperchen auch auf dem letzten Teile der jüngsten Windung, der sonst durchaus des blasigen Überzuges entbehrt. Somit ist hieraus schon anzunehmen, daß beide Bildungen ihrem Ursprunge nach nicht zusammen hängen; außerdem habe ich die Körperchen ohne die Blasen auch bei anderen Arten gefunden. Der blasige Überzug stammt keinesfalls von der Mangelia her, denn nach keiner Richtung hin genügen die Blasen auch nur annähernd, um die Embryonal-Schale der Schnecke aufzunehmen. Nach diesem Sachverhalte konnte der von *Martens* l. c. gegebene Name „nigropunctata" nicht bestehen bleiben. (Pf.)

Familie Litorinidae.

Unter der Süd-Georgien-Ausbeute findet sich eine größere Anzahl von Schnecken, die sich nach ihrer Zungenbewaffnung als Litoriniden erweisen, die aber durch mannichfache sehr wesentliche Merkmale sich kräftig von den typischen Gattungen der Familie unterscheiden. In erster Linie kommen dabei die Columellar-Verhältnisse in Betracht. Will man dieselben bei einer echten Litorina verstehen, so bediene man sich dazu des Mittels einer Lacuna. Man sieht an dieser die Basis der Windungen stark kantig entwickelt, sodaß, wenn ein Nabel — wie hier — entwickelt wird, derselbe von einer Kante umgeben ist; da nun die Basis der Windungen bei Lacuna sehr lang ausgebildet ist, so ist die Öffnung des Nabels ein längerer Spalt mit seitlichem Eingange. Ferner hat die Mündung einen inneren Mundrand, der, Columellen-artig vom unteren Mundrande aufsteigend, bis an die Mündungswand reicht. Die Kante des Nabels stößt grade da auf den Mundsaum, wo der Columellen-artige Innenrand derselben sich senkrecht erhebt. — Betrachtet man auf diese Merkmale hin eine echte Litorine, so erblickt man als einzigen Unterschied nur das Fehlen des Nabels; es ist nämlich die Columelle der Litorinen, wie eine aufmerksame Betrachtung fast aller Stücke lehrt, ein ganz zusammengesetztes Gebilde; ihr äußerer (linker) Rand, zugleich die am weitesten vorstehende Kante des inneren (linken) Peristoms, gehört

garnicht eigentlich zum Peristom, sondern ist die basale Kante der
letzten Windung, ganz der bei Lacuna ausgebildeten entsprechend.
Der Innenrand der Litorinen-Columelle, der viel weiter zurück liegt
als der äußere, entspricht dem Columellarrand der Mündung bei
Lacuna; die Längsgrube, welche sich auf der unteren Hälfte der
Columelle bei Litorina findet, ist das Aequivalent des Nabels bei
Lacuna. Sehr viel anschaulicher wird die Beziehung beider Befunde
zu einander, wenn man sich erinnert, daß die den Nabel umziehende
Kante der letzten Windung unten von perlmuttriger Schalensubstanz
belegt, also mit als Teil des Innenrandes der Mündung behandelt ist.
Ganz anders liegen diese Verhältnisse bei den Litoriniden von Süd-
Georgien. Auch hier kann man, teils noch an Erwachsenen, teils nur
bei den Jungen, den Nabel beobachten oder aber die Stelle feststellen,
wo er verschwunden ist, also zu suchen ist. Diese liegt aber weit
höher als bei den echten Litorinen und Lacunen; auch beteiligt er
sich nie an der Bildung einer als Ganzes auftretenden Columelle; er
liegt eben nie innerhalb der Columelle sondern neben ihr; außerdem
ist die den Nabel umgebende Schalenpartie ebenso gebildet, wie die
übrige Schale und zeigt überall die Schalenhaut, nirgends aber Perl-
muttersubstanz. — Des weiteren drängen die sehr schwachen Ver-
kalkungsverhältnisse und die höchst charakteristische Schalenhaut-
bildung der Süd-Georgien-Litoriniden auf eine generische Trennung
von den typischen Gattungen der Art.

Gattung Pellilitorina *Pfr* gen. nov.

Gehäuse dünnschalig, bräunlich. Nabel nur in der Jugend vorhanden, außerhalb des oberen Teiles der Columelle liegend; diese
unten platt, schwächer oder stärker mit ihrem Innenrande nach innen
gedreht, oben verbreitert, über die Gegend, wo der Nabel verschwunden
ist, zurück geschlagen. Mündungswand ziemlich breit. Callus schwach,
sodaß der Mundsaum deutlich getrennt ist. Die Skulptur besteht aus
Längs- und Spiral-Eindrücken, die, den Haaren der Schalenhaut entsprechend, punktförmige Vertiefungen zeigen. Die Schalenhaut ist auf
dem Embryonalschälchen nicht vorhanden, auf den späteren Windungen
aber, oder nach einem Zwischenstadium von einigen Windungen, als
eine dicke fellartige Haut entwickelt, die auf Längsleisten Borsten
trägt, welche zugleich in Spiralreihen angeordnet sind.

Pellilitorina setosa *E. A. Smith*. (Taf. 1. Fig. 7 a, b.) — Litorina
setosa E. A. Smith, Ann. N. H. (4) XVI (1875) p. 69. — Phil. Trans.
Vol. 168, p. 172, pl. 9, f. 6. — *Martens* l. c. p. 92. — Die vorliegende

Form schließt sich im Allgemeinen an die *Smith*'sche L. setosa an, weicht jedoch in mannichfaltiger Weise von derselben ab; als besonders auffällig mag bezeichnet werden, daß das rote Spiralband bei der Süd-Georgien-Form stets fehlt. Ich gebe für diese daher nach den in genügender Zahl vorliegenden Stücken nochmals eine Diagnose. Es mag noch hervorgehoben werden, daß die in der Original-Diagnose gegebenen Maaße nicht zur Abbildung passen, vor allem daß die Angabe des Diameters ganz fehlerhaft ist.

Testa imperforata, ovato-oblonga, tenuis, flavide cornea; cuticula crassa, olivaceo-brunnea, setis brevibus, rectis, numerosissimis in series longitudinales et spirales dispositis, plicis confertissimis insitis; anfractus $5^1/4$ - $5^1/3$, convexi, superne tabulati, sutura paululum impressa secreti; duo superi embryonales globosi, laeves, sequentes impressionibus striaeformibus levissimis punctigeris decussati, ultimi sculptura et spirali et verticali paene omnino destituti, incrementi tantum lineis modice conspicuis; apertura circularis, aliquantulum dimidiam testae longitudinem superans; columella recta vel subrecta, superne leviter effusa, inferne paululum patula; paries columellaris levi callo oblitus; margo externus simplex, semicircularis. Fauces margaritaceae, roseo-albae, columella obscure limbata.

Long. (abgebrochen) 14,1; diam. 12,6; apert. long. 8,1; lat. 6 mm.
„   14,3   11,5   7,8   5,6
„ (abgebrochen) 13,8   11   7,9   5

Schale undurchbohrt, mehr oder weniger verlängert-eiförmig, hell aber kräftig hornfarbig, oft mit etwas rötlichem Ton dazwischen. Die Schalenhaut macht bei schwacher Vergrößerung den Eindruck eines außerordentlich feinen Chagrins; sie ist als dichtes Fell entwickelt, olivenbraun, mit außerordentlich zahlreichen, kurzen, aufrecht stehenden Borsten besetzt, die auf niedrig-leistenförmigen, longitudinalen Falten stehen und demnach in longitudinale, außerdem aber auch in spirale Reihen geordnet sind. Windungen $5^1/4$ - $5^1/3$, convex, oben etwas abgeflacht. Naht ein wenig eingedrückt. Die Skulptur der Schale besteht, den Falten der Schalenhaut entsprechend, aus Längseindrücken, welche, entsprechend den auf den Falten der Schalenhaut stehenden Borsten, kleine Grübchen tragen. Da nun die Borsten der Schalenhaut zugleich in regelmäßig spiraler Anordnung stehen, so zeigt auch die Schale eine Art Spiralskulptur. Außerdem finden sich, bei einigen Schalen kaum ausgeprägt, bei anderen sehr deutlich, wirkliche Spirallinien, die, teils etwas erhöht, teils eingedrückt, in breiten Abständen die ganze Schale umziehen und nur an der Naht etwas enger stehen. Die Embryonal-Schale besteht aus 2 Windungen, ist kugelig und ganz glatt. Die Schalenhaut, welche sogleich nach Abschluß der Embryonal-Schale beginnt, zeigt an den ältesten Windungen schon denselben Charakter, wie an den jüngsten. Mündung kreisähnlich, etwas länger als die halbe Schalenlänge. Columelle platt, bei einem Exemplar grade, bei den andern etwas nach rechts oder nach links weisend; wo sie sich an die Mündungswand setzt, breitet sie sich etwas aus, am untern Ende bildet sie mit dem Basalrand eine ganz schwache Lippe. Über der Mündungswand liegt ein ganz schwacher, perlmuttriger Callus, der einen leichten, nach außen offenen Bogen bildet. Der scharfe Außenrand der Mündung bildet einen Halbkreis. Die Mündung ist innen von einer perlmutterweißen oder rötlichweißen Lage bedeckt, die an der Naht ziemlich dick ist. Die Columelle ist weißlich, nach außen mit einem bräunlich- oder rötlich-weißen Rand versehen.

Ein Stück, welches sich durch seine Größe vor den andern auszeichnet, hat die Skulptur deutlicher, als irgend ein anderes; ebenso ist die Abflachung des oberen Teils der Windungen stärker, während die Windungen im allgemeinen viel weniger convex sind, als bei den andern Stücken.

Die wenigen vorliegenden Stücke wurden, eines lebendig, die andern tot am Strande bei Ebbe gesammelt.

Pellilitorina pellita *Mrts.* (Taf. 1, Fig. 6 a—c.) — Sitzungsber. Ges. Naturf. Fr. 1885, p. 92. - Testa subglobosa, sat tenuis, periostraco villoso induta, indistincte spiratim cingulata, griseofusca; anfractus 4, convexi, ad suturam subhorizontaliter applanati, sutura profunda; apertura subcircularis, margine columellari subperpendiculari, sat angusto, distincte complanato, violascente-albo vel flaviscente.

Long.	18,2	18,4
Diam. maj.	17,8	17,5
Apert. diam.	10	9,4
„ long.	13,7	13

Schale annähernd kuglig, ziemlich dünn, rötlichbraun, meist mit viel Grau gemischt; mit haariger Schalenhaut und undeutlicher als Kanten oder schwache Reifen erscheinender Spiral-Skulptur. Die Schalenhaut ist nach demselben Typus gebaut wie die von Pellilitorina setosa. Während jene aber bei schwacher Vergrößerung den Eindruck eines feinen Chagrins macht, erscheint die von L. pellita schon für das bloße Auge als ein dichtes, rauhes, borstiges Fell; sie ist dunkler, ihre Längs-Falten sind stärker und stehen entfernter von einander; die Borsten stehen ebenfalls entfernter und mit bloßem Auge bequem als solche zu erkennen; die spirale Anordnung der Borsten ist nur ab und zu linienweise wahrzunehmen, entsprechend den beiden Systemen der zuerst auf der Schale auftretenden Spirallinien. Ganz außerordentlich abweichend von dem entsprechenden Befund bei P. setosa ist die Bekleidung der obersten Windungen. Bei P. setosa beginnt das Fell sogleich nach Abschluß der Embryonal-Windungen, bei P. pellita findet sich dagegen noch ein Zwischenstadium; diese Verschiedenheit der Schalenhaut-Bildung geht Hand in Hand mit der Spiralskulptur der Schale. An den ältesten Windungen finden sich nämlich im allgemeinen 9 deutlich eingeritzte, mit stärkeren Stichpunkten versehene Linien, von denen 4 oberhalb, 5 unterhalb der Naht liegen; diese sind bis zum Abschluß der Schale zu verfolgen. Am Ende der zweiten Windung fangen nun schon neu auftretende Spiralstreifen an, sich zwischen die bereits vorhandenen einschieben. Sie sind schwächer ausgebildet und selbst am letztgebildeten Teile der Schale kann man beide Systeme von Linien auseinander kennen, nur muß man beachten, daß auf den jüngeren Windungen die eingedrückten Linien sich verbreitert und verflacht haben, dagegen die oberhalb jeder Linie liegende Schalenpartie sich erhöht hat, so daß aus dem System der eingeritzten Linien ein etwas nach oben verschobenes System von Reifen geworden ist. Der jüngere Teil der Schale besitzt eine dünne glatte Schalenhaut ohne irgend welche Längsfalten; die Borsten stehen in spiralen Reihen, entsprechend den 9 Spirallinien mit den Stichpunkten derselben; die Borstenenden sind entweder bogenförmig oder geradezu hakenförmig zurück gebogen. Schon ehe die Linien zweiter Ordnung auf der Schale einsetzen, wird die Schalenhaut dicker, und es schieben sich viele Spiralreihen von Borsten ein. Diese spirale Anordnung ist jedoch schon eine kurze Strecke später nicht mehr zu erkennen, vielmehr stehen die Borsten in Längsreihen, später auf sich immer stärker entwickelnden Längsleisten. Der erstgebildete Teil der Schalenhaut ist, selbst bei gut erhaltenen Spiritus-Exemplaren, stets verschwunden. — Windungen der Schale sind 4 vorhanden, konvex, an der tiefen Naht horizontal abgeplattet. Columellarrand ziemlich senkrecht, als eine ziemlich schmale Fläche entwickelt, die linke Seite nur schwach nach innen gedreht, weißlich, hell bräunlich oder hell braunviolett. Er reicht bei jungen Schalen ganz außerordentlich viel weiter über die Mündungswand als bei alten.

Die Abweichung der vorliegenden Art von L. setosa ist eine außerordentlich starke. Die kuglige Gestalt, die dunkle Farbe, die schwach gedrehte Columelle, vor allem aber die ganz verschiedene Skulptur und Bildung der Schalenhaut unterscheidet die vorliegende Art streng von der vorhergehenden.

Eine Anzahl von Exemplaren, darunter Junge in allen Stadien (die jüngsten etwas über 2 Windungen groß), am Strand bei Ebbe gesammelt.

Gattung **Laevilitorina** Pfr. gen. nov.

Schale klein, länglich eiförmig, ganz schwach verkalkt, chitinig, von bräunlicher Farbe. Nabel entweder verdeckt nur als Furche neben der Columelle wahrnehmbar, oder als ungekielte, nicht von einem Callusrand umzogene Grube neben der Columelle ausgebildet, an deren oberem Teile gelagert. Columelle nach oben breiter werdend, über den Nabel oder dessen Stelle etwas zurück geschlagen, nach oben meist weit auf die Mündungswand hinauf reichend, die dem entsprechend meist sehr schmal ist. Skulptur schwach ausgeprägt. Schalenhaut dünn, glatt, mit der Schale meist innig verbunden, deshalb gemeiniglich nicht als besondere Lamelle bemerkbar.

Laevilitorina caliginosa Gould. (Taf. 1, Fig. 8 a—d.) — Litorina caliginosa Gould, Wilkes Explor. Exped. 1852, p. 198, fig. 240. — Hydrobia caliginosa E. A. Smith, Philos. Transact. Vol. 168, p. 173, pl. IX. fig. 8. — v. Martens l. c. p. 92. — Die vorliegende Form von Süd-Georgien entspricht im allgemeinen der Gould'schen Art, wie sie Smith von neuem beschrieben hat. Die große Anzahl der verschiedenen Stücke und die darin sich offenbarende Variationsfähigkeit der Art erfordert jedoch ein nochmaliges Eingehen auf die einzelnen Charaktere.

Schale eiförmig, konisch-eiförmig, bis getürmt eiförmig; chitinig, nur im Innern der Mündung und auf der Columelle nimmt man spärliche Kalkschichten wahr; braun, dunkel Kastanien-farbig, braunrot, gelbbraun oder schwarzbraun. Eine besondere Schalenhaut ist nicht weiter wahrzunehmen. Auf der Schale findet sich eine feine, dichte, nicht regelmäßige, den Wachstumslinien entsprechende Längsstreifung; außerdem, bei einigen Stücken ganz regelmäßig, bei andern weniger, auf der oberen Hälfte der Windung ein etwas weitläufiges System schwach erhabener Spiralstriche. Gewöhnlich ist ein deutlicher Nabelritz vorhanden; bei einigen bedeckt indeß die Columelle den Nabelritz völlig, während letzterer andrerseits das Aussehen einer schmal-halbmondförmigen Grube annehmen kann. Die Spira ist mehr weniger erhaben, resp. stumpf-kegelförmig. Umgänge sind 4—4½, nie 5, wie Smith es von seinen Stücken angiebt. Sie sind convex, jedoch in verschiedenem Grade, durch die Naht bald ganz schwach, bald recht stark zusammen gezogen. Die Naht ist je nach der Erhabenheit des Gewindes verschieden schräg; bei solchen mit ganzen stumpfem Gewinde ist sie fast horizontal, bei anderen mit hohem Gewinde dagegen sehr schräge. Der letzte Umgang ist stets stark erweitert, bei den kurzgewundenen jedoch viel stärker. Die Mündung ist stumpf eiförmig, unten breiter als oben, außen viel stärker gewölbt als innen. Die Mündung nimmt $^6/_{11}$ bis $^2/_3$ der Schalenlänge ein; sie ist stets fast oder geradezu um die Hälfte länger als breit. Der Außenrand setzt sich von der letzten Windung gewöhnlich im rechten Winkel ab; zuweilen ist der Mündungswinkel jedoch ein stumpfer. Die Columelle ist bei einigen ganz grade, bei andern concav; sie wird nach oben breiter und reicht stets außerordentlich weit über die Mündungswand hinweg gegen den Mündungswinkel zu. Sie ist umgeschlagen und entweder ganz angepreßt oder unten mehr weniger frei hochstehend, weiß, bräunlichweiß, violettweiß oder braunviolett. Über die schmale Mündungswand zieht sich ein in verschiedenem Grade dick aufliegender Callus; nie ist er (wie es *Smith* von seinen Stücken beschreibt) dünn zu nennen; er schließt stets mit einem deutlichen, etwas verdickten Rande nach der Grube der letzteren ab. Dieser Rand ist verschieden dick, bei älteren Stücken mehr ausgeprägt, als bei jüngeren; bei einigen Exemplaren ist er so stark, daß man von einem Peristoma continuum reden muß. Die Mündung hat stets einen etwas umgeschlagenen, weicheren Rand. Das ganze Peristom ist mit ununterbrochenen, dunkelbraunen, bei keinem Stück fehlenden Randstrich umzogen. Das Innere der Mündung zeigt einen schwachen, perlmuttrig glänzenden, weißlichen Überzug.

Der Deckel ist, der Mündung der Schale entsprechend, ungefähr eiförmig mit oberer Spitze; der Außenrand ist stark gebogen, der Innenrand fast gerade abgeschnitten. Der Nucleus liegt am Ende des untersten Viertels der Deckellänge, der Innenkante doppelt so nah, als der Außenkante. Der Deckel hat zwei Windungen. Die Naht zeigt sich als eine spiral laufende Verdickung, die schließlich dem Außenrand des Deckels parallel verläuft und auf dem letzten Teil des Deckels verschwindet. Auf der ersten Windung des Deckels sitzt dieser Verdickung eine häntige Chitin-Crista auf, welche einer besseren Befestigung des Deckels dienen mag. Die Spiralskulptur ist außerordentlich fein und sauber über den ganzen Deckel, in der Peripherie schwächer, verbreitet. Die Radialskulptur beginnt erst auf dem vierten Viertel der ersten Windung, ist aber dann als ein System scharfer, etwas entfernt stehender, schwach gebogener Streifen neben der äußern Naht jeder Windung deutlich zu erkennen; bis zur inneren Naht reichen nur wenige, auf der ersten Hälfte der zweiten Windung stehende, faltig erscheinende Streifen.

Die Art kommt in großer Häufigkeit auf Macrocystis-Blättern vor.

Die Schnecke hat eine ganz außerordentlich große Variations-Fähigkeit; deshalb ist auch auf eine starke Anpassungs-Fähigkeit und infolge dessen auf eine große Verbreitung zu schließen. Es ist somit die Wahrscheinlichkeit ziemlich groß, daß die vorliegende Art mit derjenigen, welche Gould vom Feuerland, und andererseits mit der, die Smith von Kerguelensland beschrieben hat, zu identifizieren ist.

Herr *G. Schacko* hat die Radula zweier Stücke untersucht und beschreibt sie folgendermaßen:

Die Radula des ersten Stückes hat eine Länge von 5 mm, eine Breite von 0,158 mm und 124 Querreihen.

Die Basalplatte der Mittelplatte (Taf. 3, Fig. 10 a) ist fast viereckig, an den Seiten etwas eingebogen, nicht den Zahnhaken überragend. Fest auf der Basalplatte auflagernd erhebt sich, in zwei kleine Lappen auslaufend, am unteren Ende der Basalplatte eine derbe, hohe Lamelle, welche als Stützpfeiler dient für den am oberen Rande der Basalplatte sich scharf, fast rechtwinklig umbiegenden Zahnhaken. Die Schneide desselben wird von fünf Zähnen gebildet, von denen der mittelste der größte ist. Da der Zahnhaken sich rechtwinklig von der Basalplatte erhebt, so erscheint der eigentliche Nagel oder Spitze des Hakens etwas verkürzt und sehr stumpf. Breite der Basalplatte unten 0,027, oben 0,02; Einschnürung der Stützlamelle am Hals 0,012; Breite des großen Mittelzahnhakens 0,14; sichtbare Länge des Hakens 0,005; eigentliche Länge 0,014; Länge der seitlichen Lamellenlappen 0,005, Breite derselben 0,003 mm.

Die Zwischenplatte (Taf. 3, Fig. 10 b) bildet eine große, beinahe rechteckige Basalplatte, welche durch zwei, fast parallel laufende, leistenartige Verdickungen, die ebenfalls parallel laufen mit dem Vorder- und Hinter-Rande der Platte, durchzogen wird. Eine dritte Verdickung verbindet beide Leisten und läuft parallel der Medianlinie. Am Ende der frei auslaufenden Leisten wird zwischen ihnen eine tiefe Bucht gebildet, so daß die Basalplatte nach der Außenseite hin zwei stark hervorragende Lappen oder Spitzen bildet. Bei der vorderen Leiste erhebt sich der Hals des Hakens mit der Schneide. Diese wird von sechs Zähnen gebildet. Der Medianlinie der Zunge zu gelegen, befinden sich drei kleine Haken, dann folgt der große Haupthaken und schließlich zwei kleine Haken, von denen der letzte kaum entwickelt ist. Breite am Vorderrande 0,038, am untern Ende der Basalplatte 0,022; Breite des Haupthakens 0,011; Länge desselben 0,015; Breite und Länge der kleinen Nebenhaken 0,005;

Länge der ganzen Platte am Vorderrande 0,07; Breite derselben am Unterrande 0,044 mm.

Die innere Seitenplatte (Taf. 3, Fig. 10, c, c¹) verbreitert sich vom Hinterrande nach der Schneide zu allmählich. Die Schneide wird von vier Zahnhaken gebildet, von denen der dritte der größte ist. Länge der Platte 0,076; obere Breite an der Schneide 0,033, untere Breite 0,021; Breite des Haupthakens 0,019, Länge 0,021 mm.

Die lang gestreckte äußere Seitenplatte (Taf. 3, Fig. 10 d) wird durch zwei gabelförmige Leisten sowol unten wie oben verstärkt. Die Schneide hat neun spitze Zähne. Länge der ganzen Platte 0,084; Breite der Schneide 0,01; Breite der Basalplatte unten 0,022; Breite der kleinen Zahnhäkchen 0,004, Länge 0,009 mm.

Die Mittelplatte eines zweiten Stückes weicht von derjenigen des ersten dadurch ab, daß sie schlanker gebaut und enger am Halshaken eingeschnürt ist, daß sie an der Schneide nur drei Zähne besitzt, von denen der Mittelzahn lang, schmal und spitz ausgebildet ist, daß schließlich der untere, seitliche Lappen der Basalplatte noch einen kleinen, kürzeren und schmaleren Nebenlappen zeigt. Breite der Basalplatte unten 0,027, oben an der Schneide 0,016; Einschnürung am Halshaken 0,011; Länge der Mittelplatte 0,033; Breite der ganzen Schneide 0,017; Breite des großen Mittelhakens 0,009, Länge desselben 0,015; Breite der kleineren Nebenhaken 0,004; Breite des äußeren der seitlichen unteren Basallappen 0,004, Länge 0,008; Breite des inneren 0,003, Länge 0,005 mm.

Die Zwischenplatte (Taf. 3, Fig. 11 b) steht, ebenso wie die Seitenplatten in ihrer natürlichen Lagerung stärker aufgerichtet, als bei dem vorher betrachteten Exemplar, so daß in der Aufsicht der Neigungswinkel zur Mittelplatte bei dem zweiten Exemplar spitzer ist als beim ersten. Der Halshaken ist freier entwickelt. Die Schneide wird von nur fünf Zähnen gebildet, zwei kleinen, der Medianlinie der Rudula zu liegenden; dem großen Haupthaken, der fast ebenso lang wie breit ist; schließlich zwei kleinen Haken, von denen der äußere der kleinere, jedoch gut entwickelt ist. Breite der Zwischenplatte an der Schneide 0,025, am Ende der Basalplatte 0,018; Länge der ganzen Platte 0,067; Breite des Haupthakens 0,013, Länge 0,012; Breite und Länge des größeren Nebenhakens 0,004; Länge der Basalplatte am unteren Rande 0,057 mm.

Die Schneide der inneren Seitenplatte (Taf. 3, Fig. 11 c, c¹) wird von fünf Zahnhaken gebildet, die in Fig. 11 c nur teilweise sichtbar sind, während bei c¹ die zurückgebogene Platte dieselben deutlich zeigt, sogar noch mit einem schwachen Ansatz eines inneren sechsten.

Länge der Platte 0,069; Breite der ganzen Schneide 0,033; Breite der Platte am Basalende 0,016; Breite des Haupthakens 0,016; Länge 0,015 mm.

Die äußere Seitenplatte hat nur sieben lange und spitze Zähnchen. Länge der ganzen Platte 0,077; Breite der Schneide 0,033; Breite der Basalplatte unten 0,019; Breite der kleinen Zähnchen 0,003; Länge bis zur Spitze 0,007 mm.

Laevilitorina venusta *Pfr.* (Taf. 1, Fig. 9 a, b.) — Testa ovata, subinconspicue rimata, sat tenuis, olivaceo-cornea, fasciis confluentibus purpureis spiratim trifasciata, cuticula tenuissima, pallida undique vestita, striis incrementi irregulariter et tenuiter sculpta; spira obtuse conoidea, apice obtuso; anfractus 4½, convexi, sub sutura paululum complanati, sutura profunda secreti; ultimus maximus; apertura $4/7$ testae longitudinis occupans, obliqua, obtuse ovata; peristoma simplex, acutum, connexum; margo columellaris paululum concavus; columella reflexa, appressa, sursum vix dilatata, plana, perobliqua, perlonga; paries aperturalis angustus, callo nitide-albo tectus. Fauces margaritaceo-cinereae, fasciis vivide purpureis perlucentibus.

Long. 5,6; lat. 4; diam. maj. 4,6; min. 3,3; apert. long. 3, lat. 2, 1 mm.

Schale eiförmig, kaum wahrnehmbar geritzt, ziemlich dünn, olivenbräunlich hornfarben, mit drei purpurfarbigen Spiralbinden, deren oberste beiden, die eine kurz unter der Naht, die andere in der Peripherie des Umganges, breit aus und ineinander fließen, so daß der weitaus größte Teil der letzten Windung von der Purpurfarbe eingenommen wird; die dritte, hellere und undeutlichere Binde verläuft um die Nabelgegend. Eine ganz schwache helle Schalenhaut bedeckt die ganze Schale. Wachstumsstreifen strichförmig und unregelmässig. Spira stumpf konoidisch, mit stumpfer Spitze. Umgänge 4½, convex, unter der Naht etwas abgeplattet; die Naht schneidet sehr tief ein. Der letzte Umgang ist sehr gross in Höhe wie in Breite. Die Mündung nimmt $1/7$ der Schalenhöhe ein, ist schief, sehr stumpf eiförmig. Mundrand dünn, scharf, convex. Der Columellerand ist etwas hohl, die Columelle zurückgebogen, angepresst, nach oben kaum erweitert platt, sehr schief stehend, sehr lang, sodaß die mit einem glänzend weissen Callus belegte Mündungswand ganz schmal ist. Mündung innen perlmuttergrau mit lebhaft durchscheinenden purpurnen Binden. 1 Exemplar.

Unter den vielen positiven Merkmalen, welche die vorliegende Art von der nahe verwandten L. caliginosa unterscheidet, ist als besonders bezeichnender Habitus - Charakter das völlige Fehlen des schwarzen Mündungsrandes hinzustellen.

Laevilitorina pygmaea *Pfr.* (Taf. 1, Fig. 11.) — T. fortiter fossato-umbilicata, elongato acuminato-ovata, chitinosa, tenuis, plicis longitudinalibus humilibus levibus subrudibus, vestigiis plicarum spiralium angulosis indistinctis, fusco-brunnea, cuticula nitidula concolore, laevi induta; anfractus? rotundati, sutura fortiter coarctati, ultimus turgidus, altus, apertura dimidiam prope testae longitudinem occupans; apertura ovato-rotundata, superne obtuse angulata, peristoma disjunctum, nigricante-limbatum, margine externo acuto, columellari angusto, subrecto, violascente, superne paullulum dilatato, non reflexo, parietis aperturalis parvam tantum partem obtegens, callus subinconspicuus.

Long. 2 mm.

Gehäuse mit einer kräftigen, nicht kantig begrenzten Nabelgrube, verlängert spitz eiförmig, chitinig, dünn, mit ganz niedrigen schwachen, aber groben Längsfalten und ganz schwach, aber bemerkbar auftretenden Spiralkanten und Spirallinien, gesättigt rotbraun, mit ganz schwach glänzender, glatter Schalenhaut von gleicher Farbe. Umgänge gerundet, ihre Anzahl wegen Mangelhaftigkeit der Spitzen nicht festzustellen, durch die Naht kräftig eingeschnitten, der letzte stark in Höhe und Breite entwickelt. Mündung fast von halber Schalenhöhe, sehr stumpf eiförmig, an der oberen Mündungsecke mit stumpfem Winkel. Peristom nicht continuierlich, ringsum schwärzlich gesäumt; Außenrand scharf, Columellarrand violett, schmal, mit dem Innenrand stark nach innen gedreht, nach oben etwas verbreitert, nicht zurückgeschlagen, in der Aufsicht von vorn nur wenig über die Mündungswand reichend; tiefer im Grunde der Mündung zieht sich der Innenrand der Columelle freilich ziemlich weit nach der oberen Mündungsecke zu. Callus ganz schwach, bei einem Stück nicht bemerkbar.

Wenige Stücke, auf Macrocystis-Blättern.

Herr *G. Schacko* hat eine Radula der Art untersucht und giebt davon folgende Beschreibung:

Die Radula hat eine Länge von 3,3 und eine Breite von 0,081 m; sie besitzt 130 Querreihen.

Die Mittelplatte (Taf. 3, Fig. 12 a) bildet ein längliches, nach oben schmaler werdendes Rechteck, indem sich die Seitenränder nach der Schneide zu zusammenziehen; der Stützpfeiler ist breit und fast ohne Einschnürung beim Halshaken; die Basallappen stehen in der Richtung der Längsaxe und divergieren nicht. Die Schneide ist von drei fast gleichen Zähnen gebildet, die Nägel der Zahnhaken nicht erkennbar. Länge der Mittelplatte 0,025, Breite unten 0,0135, oben an der Schneide 0,008; Einschnürung beim Halshaken 0,006; Breite und Länge der Zahnhaken 0,003; Länge und Breite der Basallappen 0,003 mm.

Die Zwischenplatte (Taf. 3. Fig. 12 b, b¹) bildet ein längliches Rechteck, mit fast viereckigem eigentlichem Basalteil, einer stärker ausgebuchteten Seite und schmalen vorspringenden Spitzen. Der breite Halshaken ist kurz. Die Schneide hat drei Zähne, von denen der Außen- und Innenhaken sehr klein, der Mittelhaken ebenso breit wie lang ist. Breite der Platte an der Schneide 0,016, in der Mitte der Platte 0,02, am unteren Ende der Gabel 0,014; ganze Länge der Platte 0,041; Breite des Haupthakens 0,011, Länge 0,01; Breite und Länge der Nebenhaken 0,0035; Breite der Basalplatte am unteren Rande 0,026 mm.

Die Basalplatte der inneren Seitenplatte (Taf. 3. Fig. 12 c) ist im Verhältnis kurz; die Schneide trägt 3 Zähne, deren mittlerer sehr umfangreich ist. Länge der Platte 0,038; obere Breite bei der Schneide 0,018; untere Breite der Basalplatte 0,011; Breite des Haupthakens 0,011, Länge 0,015 mm.

Das Basalende der äußeren Seitenplatte (Taf. 3. Fig. 12 d. d¹) ist kurz und breit, wenig eingeschnürt am Halse, mit breiter Schneide, die neun scharfe Zähne trägt.

Die beiden folgenden Arten weichen in manchen Charakteren von den bisher betrachteten Arten der Gattung Laevilitorina ab, schließen sich jedoch hier besser als irgendwo anders an.

Laevilitorina granum *Pfr.* (Taf. 1, Fig. 10.) — Testa fossato-rimata, ovata, tenuis, periostraco luteo, membranaceo, apice obtuso; pallide cornea, longitudinaliter tenuissime (non nisi sub microscopio conspicue) striolata, lineis nonnullis longe distantibus spiralibus obscurissime cingulata; anfractus 4, convexiusculi, sutura paulum coarctati; ultimus paulum inflatus; apertura ovalis, dimidiam testae longitudinem paulo superans; columella libera, recta, angustissima, superne dilatata, reflexa, dimidiam parietis aperturalis partem occupans; callus conspicuus; peristoma interruptum, subtus expansiusculum; fauces corneae.

Long. 1,6 mm.

Schale mit grubenförmigem Nabelritz, eiförmig, dünn, mit häutiger, etwas abblätternder, lehmfarbigen Schalenhaut, mit stumpfem Apex, hell, hornfarben, unter dem Mikroscop sehr fein längsgestreift, von einigen weit von einander abstehenden Spirallinien ganz undeutlich

Laevilitorina granum.

umzogen. Umgänge 4, etwas convex, durch die Naht mäßig eingezogen. Letzter Umgang etwas aufgebläht; Mündung oval, von etwas über halber Schalenhöhe. Columelle in ihrem freiem Verlaufe grade, sehr schmal, oben verbreitert, zurückgeschlagen, etwa über die halbe Mündungswand reichend. Callus schwach, aber bemerkbar. Peristom unterbrochen, unten etwas ausgebreitet; Mündung innen hornbraun.

Von dieser Art liegt nur ein erwachsenes Stück mit angebrochenem Mundrande und außerdem ein junges, nicht ganz sicher hieher zu rechnendes Stück vor; für die Möglichkeit, daß auch das große Exemplar nicht ausgewachsen und als junges Stück zu einer der oben behandelten Arten zu rechnen sei, ist weder in den morphologischen Merkmalen, noch im Verhältnis der Größe zur Windungszahl ein Grund zu finden.

Laevilitorina umbilicata *Pfr.* (Taf. 1, Fig. 12.) — Testa ovato-turrita, ampliter fossato-rimata, tenuis, sordide olivaceo-ochracea, cuticula tenuissima, laevi induta; sculptura longitudinalis non conspicua, plica obtuse carinaeformi suturali, altera tenuiore in mediis anfractibus; apice obtusiusculo; anfractus 5, convexi, sutura fortiter coarctati, ultimus altus, mediocriter dilatatus. Apertura $^{1}/_{2}$ testae longitudinis occupans, obtuse ovata, recta; peristoma continuum, margo externus acutus, columellaris angustissimus, sursum vix dilatatus, introrsum valde conversus, fortiter dextrorsum obliquus, leviter arcuatus; fauces pallide fuscae.

Long. 3 mm.

Schale getürmt eiförmig, mit weiter Nabelgrube, die gegen die letzte Windung zu sich scharf absetzt, dünn, schmutzig oliven-gelbbraun, mit ganz schwachen Andeutungen von bräunlichen Spiralbändern, mit der typischen glatten Schalenhaut der Gattung, ohne wahrnehmbare Längskulptur, dagegen mit einem gürtelförmigen stumpfen Kiel auf der letzten Windung in der Fortsetzung der Naht und einem schwächeren, der auf der Mitte der einzelnen Umgänge verläuft. Der Apex ist etwas stumpf. Windungen 5, convex, durch die tiefeinschneidende Naht getrennt, die letzte Windung ist zwar hoch, aber wenig stark in die Breite entwickelt. Mündung von $^{1}/_{2}$ Schalenhöhe, grade aufrecht, stumpf eiförmig, der obere Winkel etwa ein rechter. Peristom zusammenhängend, der Außenrand scharf, der Columellarrand sehr schmal, in schwachem Bogen oder schräge nach rechts aufsteigend, oben in der Aufsicht durchaus nicht verbreitert; sieht man jedoch seitlich in die Mündung hinein, so kann man eine, wenn auch schwache Verbreiterung bemerken; der Innenrand des Columellarrandes ist kräftig nach innen gedreht. Mündung innen hellbraun.

Gattung **Lacunella** *Dall.*

Proc. Unit. Stat. Nat. Mus. VII, p. 344, pl. 2, f. 1—3.

Schale niedergedrückt. Helix-artig, schwach verkalkt, chitinig, genabelt. Mundsaum nicht continuierlich, scharf; Columelle zum größten Teil frei stehend, umgeschlagen. Deckel chitinig, mit wenigen Windungen; Nucleus stark excentrisch. Radula sehr lang im Verhältnis zur Breite, Litorinen-artig, mit dreispitziger Schneide der Mittel- und Zwischenplatte, mit accessorischem Innenzacken an der ersten und starker Zähnelung an der zweiten Seitenplatte.

Die nachstehend beschriebene Art unterscheidet sich in den Verhältnissen des Nabels und der Columelle einigermaßen von der L. reflexa Dall (von den Pribiloff-Inseln und Aleuten), kann aber immerhin der Gattung Lacunella zugewiesen werden.

Lacunella antarctica *Mts.* (Taf. 2, Fig. 1 a—f.) — Lacuna antarctica Martens, Sitzungsber. Ges. Nat. Fr. 1885, S. 92. — Litorina pumilio Smith, Id. ibid. — Testa subdepresso-globosa, tenuis, chitinosa, ampliter excavato-umbilicata, tenuiter et subirregulariter longitudinaliter striatula, lineis spiralibus undique indistincte et subirregulariter tenuissime striata, castaneo-fusca vel fusca, nitidula; spira brevi, obtusa; anfractus 3, sutura sat profunda discreti; ultimus rotundatus, umbilico infundibuliformi, sat lato, longitudinaliter rugoso-striato; apertura obtuse semilunaris vel oblique ovata, superne acutangularis, subtus rotundata, marginibus approximatis, callo tenui junctis, externo tenui, columellari subrecto, acuto, superne dilatato; fauces splendide fuscae, leviter violascente-albo-margaritacae.

Diam. 6,8; alt. 6,5; apert. long. 4,9; lat. 3,5 mm.
„   4 „ 4   „   3 „ 2,7 „

Schale mehr weniger niedergedrückt kuglig, von der allgemeinen Ansicht einer Natica, dünn, chitinig, mit weitem, völlig durchgehendem Nabel versehen, der sich von der Basis des letzten Umganges in einer weit geschwungenen, unten auf den Basalrand der Mündung stoßenden Kante absetzt. Längs- und Spiral-Strichelung ist in feiner, unregelmäßiger Weise ausgebildet. Farbe in allen Schattierungen zwischen dunkel kastanienbraun und hell gelbbraun mit rötlichem Hauch. Schale etwas glänzend, manchmal schwach seidenglänzend, manchmal fettglänzend. Gewinde, wenn auch in verschiedenem Grade, so doch stets niedrig, kuppenförmig. Umgänge 3, durch ziemlich tiefe Naht getrennt, der letzte gerundet. Mündung stumpf halbmondförmig oder schief eiförmig, oben mit Winkel, unten stark gerundet. Außen- und Spindelrand an der Mündungswand sind durch einen dünnen

Callus verbunden; der erstere ist dünn, der Columellarrand steigt ziemlich grade auf und ist oben etwas nach rechts (Fig. 1 d), aber auch nach links (Fig. 1 a, b) gewandt; er ist ganz scharfrandig und schlägt sich am Nabel etwas herum. Das Innere der Mündung ist ganz besonders glänzend braun, mit einer dünnen, oberflächlichen, violettweißlichen Perlmutterschicht bedeckt.

Der Laich von L. antarctica liegt platt auf Tangblättern als ein einschichtiger, flacher, ovaler, etwa 5 mm langer und 2½—4 mm breiter Haufe von 20—30 Eikapseln, welche hart an einander gedrängt sind, so daß die innen liegenden von fünf oder sechs graden Linien begrenzt sind, während die am Rande des Eihaufens liegenden Kapseln gebogene Außenränder haben, die aber, wo sie sich mit ihren Nachbaren berühren, abgeplattet sind. Die Zwischenwände der Eikapseln erscheinen einfach, vom Habitus erstarrter Gallerte; die Eikapseln selber erscheinen wegen ihres Inhaltes opak gelblichweiß. Die am Rande liegenden Eier messen etwa 1 mm, die inneren sind viel kleiner.

In einem Laichhaufen befanden sich zum Ausschlüpfen reife Embryonen von hell rotbrauner Farbe und 1½ Windungen; ferner liegen alle Stadien bis zum erwachsenen Tiere vor. Da v. Martens bei der ersten Bearbeitung nicht die ununterbrochene Reihe zur Verfügung stand, so hielt er die ihm vorliegenden jungen Tiere eines bestimmten Stadiums für eine besondere Art und identifizierte sie mit L. (Hydrobia) pumilio Smith; sie ist jedoch bei derselben Windungszahl doppelt so groß wie die Smith'sche Art. Ebenso möchte ich auch annehmen, daß die Smith'sche Hydrobia pumilio nicht eine besondere Art, sondern eine junge Litorinide ist.

Herr G. Schacko hat die Radula und den Kiefer eines Stückes untersucht und gibt davon folgende Beschreibung:

Die Radula ist 3,2 mm lang, 0,09 mm breit und zeigt 114 Querreihen.

Die sechseckige Mittelplatte (Taf. 3, Fig. 13 a) ist oben an den Seitenecken der Schneide mit kleinen ohrförmigen Vorsprüngen versehen; die Schneide ist ein kurzer, die ganze Breite des Halshakens einnehmender Nagel. Der Halshaken wird oben durch die Stütz-Lamelle mäßig eingeschnürt. Die Basalplatte ist unten schmaler als oben beim Halshaken. Breite der Platte in der Mitte 0,024, am unteren Ende 0,02, an der Schneide 0,021; Länge der Mittelplatte 0,027; Einschnürung am Halse der Stützlamelle 0,011; Breite des Nagels 0,014, Länge 0,001; Breite und Länge der Ausläufer der Seitenlamellen unten an der Basalplatte 0,0025 mm.

Die Zwischenplatte (Taf. 3, Fig. 13 b, b¹) entwickelt einen recht breiten, fast viereckigen Zahnhaken. Die Figur b¹ ist von einer ein wenig zurückgebogenen Lage gezeichnet, um die Basal-Verhältnisse deutlicher zu zeigen und erinnert genau an Litorina obtusata. Sie trägt nur drei gut und stark ausgebildete Hakenzähne an ihrer Schneide. Länge der Platte 0,047; Breite der Schneide 0,026; Breite der Platte an der Basis 0,018; Breite des größeren Hakenzahnes 0,015, Länge 0,008; Breite des nach der Medianen der Zunge zu liegenden kleinen Hakens 0,007, Länge 0,003. Der äußere kleine Zahn ist ziemlich breit ausgezogen und kürzer als der andere.

Die innere Seitenplatte (Taf. 3, Fig. 13 c) ist schmal und lang; die im Verhältnis sehr breite Halspartie besitzt an der Schneide vier Zähne, von denen die der Mittellinie der Zunge zugewandten beiden stark entwickelt sind; dann folgt der große, viereckige Haupthakennagel und schließlich ein schwach entwickelter. Länge der Platte 0,045; Breite an der Schneide 0,025, an der Basis 0,009; Breite und Länge des Hauptnagels 0,015; der erste der inneren Nebennägel 0,004 breit, 0,006 lang; der zweite 0,0025 breit, 0,004 lang; der äußere Nebennagel ist sehr klein.

Die äußere Seitenplatte zeigt zahlreiche Zähne. Länge 0,043; Breite der Schneide 0,021; Breite der Platte 0,012 mm. Die Zähne nehmen von innen nach außen an Größe ab; der erste größte ist 0,003 breit und 0,002 mm lang; der letzte kleinste 0,0015 mm breit und lang.

Vom Kiefer konnten nur einige langstreckige Form-Elemente von ungleicher Gestalt und Größe und unregelmäßiger Gruppierung gewonnen werden.

Hydrobia georgiana *Pfr.* (Taf. 2, Fig. 2.) — Testa ovata, apice obtusiusculo, fortiter rimata, griseo-alba, calcarea, sub cuticula griseā, tenui, non sculptā, verticaliter regulariter tenuiter plicata; anfractus 4 lente accrescentes, leviter convexi, suturā leviter coarctati, ultimus altissimus, non inflatus; apertura latiuscule piriformis, superne subangularis, ³/₇ fere testae longitudinis occupans; peristoma simplex, acutum, continuum, extrorsum et infra leviter expansum, angulus aperturalis leviter auritus, margo inferior fortius curvatus quam exterior, subtus paululum protractus, columella angustissima, reflexa, subtus subrecta, superne parieti columellari appressa.

Long. 2; apert. long. 1 mm.

Schale eiförmig mit stumpfer Spitze, stark geritzt, dünn, fein und ziemlich regelmäßig faltig längsgestreift, mit einer graulichen, dünnen, unskulptierten Schalenhaut ganz bedeckt. 4 langsam zunehmende Umgänge von schwacher Convexität, die von der Naht nicht allzu sehr eingeschnürt werden. Der letzte ist sehr hoch, aber nicht aufgeblasen. Mündung dick birnförmig, von etwa ³/₇ der Schalenlänge, oben mit einem rundlichen Winkel. Peristom einfach, scharf, zusammenhängend, nach außen und unten etwas erweitert, der obere Winkel etwas geöhrt; der untere Rand stärker gebogen als der äußere, ein ganz klein wenig nach unten vorgezogen. Columelle sehr schmal, zurückgeschlagen, in ihrem freien Verlauf ziemlich grade und senkrecht, oben über die ganze Columellar-Wand hinweg angepreßt.

Long. 2; apert. long. 1 mm.

Da von der vorliegenden Art nur ein einziges Exemplar ohne Deckel tot gesammelt worden ist, so kann die systematische Stellung nicht endgültig festgestellt werden. Da die Schale ihrem ganzen Habitus nach zu den Rissoiden gehört, so findet sie wegen der Ausbildung der Cuticula ihren Platz am besten in der Gattung Hydrobia.

Rissoa grisea.

Rissoa grisea *Mrts.* (Taf. 2, Fig. 4.) — *v. Martens* l. c. p. 92. — Testa rotundato-conica, semipellucida, spiratim cingulata, cingulis latioribus, interstitiis striaeformibus, rufescente-grisea, versus aperturam albida, vestigiis cuticulae caducae membranaceae cinereae magnam partem tecta; anfr. 4 convexi, sutura sat profunda discreti, ultimus rotundatus; apertura dimidiam partem totius longitudinis occupans, subverticalis, subcircularis, intus vivide aureo-cornea, peristoma versus alba, peristomate supra prope rectangulari, undique incrassato.

Long. 2¹/₄; diam 1¹/₂; apert. 1 mm.

Schale gerundet-keglig, halb durchsichtig, spiral gereift, die Reifen breit, die Zwischenräume strichförmig, rötlich-grau, nach der Mündung zu weißlich, großenteils mit den Überbleibseln der hinfälligen membranösen grauen Schalenhaut bedeckt; 4 convexe, durch ziemlich tiefe Naht getrennte Umgänge, der letzte gerundet. Mündung von halber Schalenhöhe, ziemlich senkrecht gestellt, von annähernd kreisförmigem Umriß; dadurch übrigens, daß der Außenrand nach Art der Rissoen stark vorgezogen ist, erscheint die Mündung in der Aufsicht nicht so rund, als sie in Wirklichkeit ist. Sie ist innen glänzend goldig-hornfarben, nach dem Mundrand zu weiß. Derselbe ist überall verdickt und setzt sich oben fast in einem rechten Winkel von der Mündungswand ab.

1 Stück.

Rissoa Georgiana.

Rissoa georgiana *Pfr.* (Taf. 2, Fig. 3.) — Testa ovato-conica vel acuminato-ovata, apice obtusiusculo, albida, nitens, glabra vel verticaliter (non nisi sub microscopio conspicue) striolata, periostraco tenui caduco pallide cinereo-stramineo induta, imperforata; anfractus 4—5, lente accrescentes, leviter convexi, sutura obliqua parum coarctati, ultimus altus, non inflatus, inferne aliquantum protractus; apertura obliqua, ovalis vel late piriformis, superne angulata, $^3/_7$—$^4/_9$ testae longitudinis occupans; peristoma simplex, acutum, continuum, paullulum solutum, medio et infra protractum, subtus paullulum expansum; margines et exterior et inferior aequaliter et fortiter arcuati; columella libera obliqua, inferne latior quam superne, margo columellaris appressus fere rectus vel leviter arcuatus. Operculum corneum Rissoarum typicum, $1^1/_2$ anfractuum, nucleo in septem longitudinis partium inferiore tertia sito, lateri interiori paullulum approximato, margine interiore leviter et regulariter arcuato.

Long. 2,4—2,8 mm.

Schale konisch oder zugespitzt-eiförmig, mit etwas stumpfer Spitze, weißlich, glänzend, glatt oder mit mikroskopischer, ziemlich enger und unregelmäßiger Längsstrichelung, mit dünner, hinfälliger strohgrauer Schalenhaut, undurchbohrt. Umgänge 4—5, langsam wachsend, schwach convex, Naht etwas schief. Der letzte Umgang ist nicht aufgeblasen, unten etwas vorgezogen nach Art der meisten Rissoen. Mündung schief, oval oder breit birnförmig, mit einem stumpf gerundeten oder bestimmt eckigen Winkel in der oberen Ecke. $^3/_7$—$^4/_9$ der Schalenhöhe gleichkommend. Peristom einfach, scharfrandig, zusammenhängend, etwas von der Schale losgelöst, in der Mitte des Außenrandes und am Unterrande etwas vorgezogen; an der letzteren Stelle ist die Mündung auch etwas erweitert. Der freie Teil der Columelle ist unten breiter als oben, steigt in verschiedener Schrägheit gegen die Mündungswand auf und geht in Folge dessen ziemlich allmählich (wie es die Abbildung zeigt) oder stumpfwinklig sich absetzend in die Mündungswand über. Wo die Innenwand des Mundsaums sich als angedrückte Lamelle über die Mündungswand legt, ist er in sich grade oder schwach gebogen. Der Deckel ist ein ganz typischer Rissoendeckel von $1^1/_2$ Umgängen, mit dem Nucleus im dritten unteren Siebentel der Länge, etwas mehr nach dem Innenrande zu liegend; sein Innenrand ist leicht und regelmäßig gebogen.

Von dieser Art liegen über ein halbes Dutzend Exemplare vor, die im Tang sich vorfanden. Ich glaubte zuerst mehrere Arten vor mir zu haben und die Stelle p. 93 in Prof. *v. Martens* vorläufiger Mitteilung zeigt, daß auch dieser die gleiche Meinung gehabt hat; ich bin jedoch nach eingehenderem Studium davon zurückgekommen und möchte nur eine gedrungenere und eine schlankere Form der Art annehmen, die durch Übergänge verbunden sind.

Gattung Eatoniella *Dall.*

Bull. Unit. Stat. Nat. Mus. III, 1876, p. 42. — *Smith* l. c. p. 174.

Schale Rissoen-artig, hoch gewunden mit mäßig vielen Umgängen, dunkel gefärbt, ohne ausgeprägte Skulptur. Mundsaum nicht verdickt, nicht zusammenhängend; die breite, platte Columelle ist vom oberen Mündungs-Eck durch ein Stück Mündungswand getrennt; nach dem Innern der Mündung zu erstreckt sich eine die Columelle fortsetzende Verdickung bis zur Naht. Deckel mit starkem, vom Nucleus ausgehenden, rechtwinklig empor stehenden Fortsatz. An der Radula die Schneide der Mittel- und Zwischenplatten mit accessorischen Zahnspitzen, erste Seitenplatte dreispitzig, zweite vielspitzig.

Diese im vorigen gekennzeichnete Gattung ist wahrscheinlich Eatoniella Dall; ich habe sie deshalb mit diesem Namen benannt, ohne freilich überzeugt zu sein, daß dies dem Sachverhalte durchaus entspricht; vor allen Dingen paßt Schilderung wie Abbildung des von *Smith* als „zusammenhängend" gekennzeichneten Mundsaumes nicht auf die vorliegenden Exemplare. Die Gattung gehört, wie auch schon von anderer Seite bemerkt ist, der Radula und mancher Schaleneigentümlichkeiten nach zur Familie der Rissoiden und hier wegen des Fortsatzes am Deckel zur Unterfamilie der Rissoininen; eine etwas isolierte Stellung in der Gruppe nimmt sie vorläufig dadurch ein, daß die erste Seitenplatte nur drei Zähne hat, während sie sonst nach dem Typus der zweiten Seitenplatte gebildet ist.

Eatoniella kerguelenensis *E. A. Smith.* (Taf. 2, Fig. 5 a, b.)

Ann. N. H. XVI (1875) p. 70 — *Dall* l. c. — c. *Martens* l. c. p. 93. — Testa ovato-conica, solida, nigra, nitescens, longitudinaliter tenuiter et dense striatula, spiraliter (in fauce tantum conspicue) regulariter et densissime striata; cuticula tenuissima, insculpta, decidua, cinerascente vestita; rimata; anfr. 5, convexi, sutura simplici impressa sejuncti; ultimus versus aperturam infra et extra expansus, apertura subcircularis, superne subangularis, ½ fere totius testae longitudinis occupans; peristoma leviter expansum, acutum, regulariter arcuatum; columella totam fere parietem columellarem obtegens, perobliqua, reflexa, sursum angustior, infra latior, deorsum latiuscule effusa, margo columellae exterior subrectus, cum supero et infero peristomatis margine angulum formans; callus aperturalis minimus, tenuis; apertura intus margaritacea, cyaneo-alba.

Long. 3 mm; diam maj. 1,8 mm.

Schale konisch-eiförmig, fest, glänzend schwarz, dicht und schwach längsgestreift; von der Innenseite der Mündung aus sieht man ein sehr regelmäßiges, feines und dichtes System abwechselnd heller und dunkler Struktur-Streifen; bei ganz wenigen Stücken, deren Embryonal-Windungen völlig erhalten sind, kann man daran eine etwas körnige Beschaffenheit der Schalen-Oberfläche wahrnehmen. Die Schalenhaut ist dünn, skulpturlos, hinfällig, fast farblos, so daß die Farbe der Schale als aschgrau hindurch scheint. Meist findet sich ein ziemlich schmaler Nabelritz, zuweilen erweitert er sich zu einer wirklichen, ziemlich breiten Grube, manchmal verschwindet er fast ganz. Umgänge 5, convex. Naht einfach, eingedrückt. Der letzte Umgang erweitert sich nach der Mündung zu allmählich nach außen wie nach unten (schwächer nach oben), so daß nach diesen Richtungen hin eine Art Umschlag gebildet wird, der sich jedoch nicht in wahrnehmbarem Winkel von der übrigen Windung absetzt. Die Mündung ist im allgemeinen kreisförmig, nach oben stoßen die begrenzenden Linien in einem Winkel zusammen; sie mißt fast die Hälfte der Schalenhöhe. Der Mundsaum ist in Folge der oben ausgeführten Bildung des letzten Umganges etwas ausgebreitet, scharfrandig, regelmäßig gebogen. Die Columelle schlägt sich zurück und legt sich im Grunde der Mündung über die ganze Mündungswand; vorn läßt sie oben eine kleine Ecke frei, die von einem dünnen, glänzenden Callus bedeckt ist. Die Columelle schließt sich an ihrem unteren Teile der Bildung des Mundrandes an und beteiligt sich etwas an der Lippenbildung; sie steht sehr schief, ist im allgemeinen abgeflacht, unten breiter als oben; ihr Außenrand ist im allgemeinen gradlinig. Das Innere der Mündung ist perlmuttrig bläulichweiß, die Columelle etwas reiner weiß.

Es fanden sich etwa zwei Dutzend Stück vor, welche meist von Hydroiden-Wurzeln abgelesen wurden.

Herr *Schacko* hat Kiefer und Zunge der Art untersucht und beschreibt den Verhalt folgendermaßen: Der Kiefer besteht aus zwei abgerundeten, dreieckigen oder spitz ovalen Platten. Die oberen Teile der Platten sind durchsichtig, und es finden sich daselbst keine Schuppen oder dachziegelförmige Plättchen; am freien Rande jedoch trägt jede Kieferplatte sieben Reihen derartiger Elemente, deren letzte Reihe nur die halbe Länge der vorliegenden erreicht. Die Reihe enthält etwa je 28 dachziegelartig an einander gereihte kleine Plättchen-Elemente, die letzte Reihe 18. Diese trapezförmigen Plättchen sind an allen vier Ecken etwas abgestutzt oder abgerundet, der Länge nach wenig gekrümmt und nach der Außenseite zu stark verdickt. Jede Kieferplatte ist 0,87 mm lang und 0,36 mm breit; die größeren Elemente erreichen eine Länge von 0,008 mm und 0,003 mm Breite, die Farbe des Kiefers ist hell schwefelgelb.

Die Radula (Tafel 3, Fig. 14) zeigte 68 Reihen, ist 1,5 mm lang und 0,099 mm breit. Die Mittelplatte ist von fast viereckiger Gestalt und nimmt nur wenig nach der Basalplatte hin zu. Der Hinterrand der letzteren ist schwach gekrümmt und bildet einen breiten Lappen; zu jeder Seite findet sich ein tiefer Einschnitt, der die Ecke der Basalplatte als einen besonderen Lappen abtrennt, der jedoch mehr als Zahnvorsprung betrachtet werden kann, während sich abermals nach dem Mittellappen zu ein schwaches Zähnchen abzweigt. — Die Schneide hat 7 Zahnhaken, wovon die beiden äußersten nur schwer zu erkennen sind, da sie zum Teil von dem daneben liegenden größeren Zahn verdeckt werden. Breite der Platte an der Schneide 0,018 mm, an der Basis 0,023; Länge und Breite des Mittellappens an der Basis 0,007, Länge des größeren seitlichen Lamellenlappen mit der Zahnbildung 0,009, Breite des Mittelhakens 0,005, Länge 0,003, der kleine Nebenhaken 0,002 mm breit und etwas länger. — Die Zwischenplatte hat ganz die Form derer von Barleeia rubra; sie bildet einen Rhombus, dessen äußere Hinterecke zu einem nicht gerade langen Stiel ausgezogen und dessen andere Ecken vollständig abgerundet sind. Die Schneide hat 5 Zähne, von denen der mittelste der größte und breiteste ist. Länge der Zwischenplatte 0,039, Breite 0,01: Breite der Schneide 0,023; Breite und Länge des großen Zahnhakens 0,005; Breite der kleinen Zahnhaken 0,003, Länge 0,002 mm. — Die innere Seitenplatte ist langgestreckt und schmal, hat 5 große Zähne an der Schneide und zeigt hierdurch, daß sie bestimmt zu Rissoina neigt, während bei Rissoa die Schneide mit einer großen Zahl von Zähnen besetzt ist. Länge der Platte 0,04 mm, Breite 0,07; Länge des großen Zahnhakens 0,013, Breite 0,008 mm; Breite des Nebenhakens 0,005, Länge 0,005 mm. — Die äußere Seitenplatte hat dieselbe Länge wie die innere Seitenplatte, jedoch eine größere Breite und ein scharf ausgeprägtes Basalende, und ist am Halse oder da, wo sich die Schneide anfügt, stark eingeschnürt. Die Schneide trägt nur 7 sehr spitze Zähne. Länge der Platte 0,04 mm, Breite 0,009; Breite an der Halseinschnürung 0,003, Breite der Schneide 0,015 mm.

Gattung Skenella *Pfr.* gen. nov. Rissoininarum.

Gattung Skenella.

Schale niedergedrückt, genabelt. Peristom einfach, zusammenhängend. Deckel subspiral mit großem, senkrecht vom Nucleus aufsteigenden Fortsatz.

Die neue Gattung, die wegen der Bildung des Deckels ihren Platz in der Nähe von Rissoina und Eatoniella zu finden hat, vertritt wegen ihrer Gestalt in der Unterfamilie der Rissoininen die Gattung Skenea, was ich in dem Namen der neuen Gattung habe ausdrücken wollen.

Skenella georgiana *Pfr.* (Taf. 2, Fig. 6 a. b.) — Skenea cf. subcanaliculata E. A. Sm. *E. v. Martens* l. c. p. 92. — Testa depresso-conice discoidea, Lacunarum modo umbilicata, longitudinaliter (non nisi sub microscopio conspicue) tenuissime et irregulariter plicato-striolata, griseo-fusca; anfractus 3, rotundati, sutura profunda discreti; apertura obtuse semicircularis, margines et exterior et interior fortissime arcuati, margo columellaris rectus, inferne liber, superne anfractui ultimo appressus; columella plana, extrorsum torta; peristoma simplex, acutum, continuum; margo inferior versus columellam ascendens, paulum patulus; apertura intus nitens, vivide cornea.

Operculum ovatum, excentricum, subspiratum, 1½ anfractum; nucleus submarginalis, processu semifalciformi, sursum dilatato, compresso.

Long. 1,49; apert. lat. 0,59 mm.

Schale etwa von der Gestalt der Valvata macrostoma, mit niedrigem Gewinde und scheibenförmiger Basis, genabelt, der Nabel von einer schwachen, an die der Gattung Lacuna erinnernden Kante umzogen, unter dem Mikroskop fein und unregelmäßig faltig-gestrichelt, graubraun. 3 regelmäßig gerundete Umgänge. Naht tief. Mündung aufgeblasen, halbkreisförmig. Außen- und Basalrand sehr stark gebogen, Columellarrand grade, unten frei, oben der letzten Windung anliegend. Columelle platt, nach außen gewandt. Mundrand zusammenhängend, scharf, einfach; der Innenrand da, wo er gegen die Columelle ansteigt, sich etwas nach außen umschlagend. Mündung innen glänzend hornfarbig.

Deckel von eiförmigem Umriß, excentrisch, subspiral, mit 1½ Umgängen. Der Nucleus submarginal, mit einem halbsichelförmigen, nach oben verbreiterten, zusammengedrückten Fortsatz.

Die ganze Schale ist dicht besetzt mit ovalen, in der Mitte durch einen breiten Längsstrich geteilten, ganz flachen Körperchen, von denen, so lange die Schale feucht ist, nur die Umrisse zu sehen sind; beim Antrocknen der Schale werden sie rein und kalkig weiß. In diesem Zustande machen sie den Eindruck einer von der Bauchseite gesehenen Cypraea. Dieser als Laich zu bezeichnende Überzug gehört wohl kaum zu einem Mollusk.

Cerithium georgianum *Pfr.* (Taf. 2, Fig. 7.) — Testa turrita, tenuicula, albo-flavescens, maculis fulvescentibus minutis paucis irregulariter sparsa, cuticula pallide flavida, plicis distantibus longitudinalibus tenuissimis; spira sensim acuminata, apice obtusiusculo; anfractus 7, convexi, supra decliviter applanatis, tricingulati, cingulo subsuturali tenui, duobus sequentibus fortissimis, sub-applanatis, interstitium subaequantibus; sutura tenuissima, parum obliqua; anfractus ultimus basi leviter concavus, quadricingulatus, interstitiis cingula latitudine superantibus, cingulo peripherico lineisque duabus basalibus accedentibus; apertura piriformis, superne rotundata, infra canaliculata; canalis rectus, curtus, non emarginatus.

Long. 5; diam. maj. 2; apert. long. 1,4 mm.

Schale getürmt, von schlanker Cerithium-Gestalt, etwas dünnschalig, weißgelblich (wegen der Schalenhaut, welche die ganze Schale bedeckt), mit wenig zahlreichen, kleinen rötlichen, zerstreuten Flecken unregelmäßig gezeichnet. Schalenhaut hellgelblich, mit feinen, entfernt stehenden Längsfalten. Die Spira verjüngt sich allmählich, der Wirbel ist etwas stumpf. Umgänge 7, convex, an der Naht schief abgeplattet, die beiden obersten glatt, die andern mit 3 Spiralreifen versehen, deren oberster, unter der Naht verlaufender sehr dünn ist, während die andern beiden sehr stark, etwas abgeplattet und fast so breit wie der Zwischenraum zwischen ihnen sind. Auf der letzten Windung kommt noch ein in der Fortsetzung der Naht verlaufender Reifen dazu; hier stehen die Reifen in Abständen, die viel breiter sind als die Reifen. Außerdem kommen noch auf der etwas concaven Basis des letzten Umganges zwei schwache, streifenartige Reifen hinzu. Die Mündung ist birnförmig, oben gerundet, unten mit Canal versehen. Canal grade, kurz, nicht ausgerandet.

1 Stück zwischen Hydroiden-Wurzeln

? **Liostomia georgiana** *Pfr.* (Taf. 2, Fig. 9.) — Testa imperforata, oblongo-conica, albida, longitudinaliter tenuissime dense et regulariter (non nisi sub microscopio conspicue) striata, cuticula straminea induta; anfractus 5½, leviter convexi, lente accrescentes, sutura subprofunda; ultimus non inflatus; apertura $^2\!/\!_3$ longitudinis testae superans, subrecta, ovata, deorsum fortiter producta; columella flexa, infima pars libera, media pars reflexa, appressa, supera pars in faucem testae reversa, super parietem columellarem instar calli filiformis usque ad suturam continuata; peristoma simplex, acutum, disjunctum, callo inter margines disjunctos omnino deficiente.

Operculum subspirale, margine interiore leviter et regulariter arcuato.

Long. 2,3 mm.

Schale undurchbohrt, länglich-kegelförmig, weißlich; unter dem Mikroskop gesehen sehr fein, dicht und regelmäßig gestreift, mit einer dünnen, strohfarbenen Cuticula bekleidet. Die Mundöffnung ist etwas mehr als ²/₅ der Gesamtlänge der Schale, ziemlich grade, eiförmig, nach unten kräftig ausgezogen. Die Columelle zeigt zwei Knickstellen: der unterste Teil, der neben der ausgezogenen Partie der Mündung liegt, ist frei, nicht umgeschlagen; der mittlere Teil ist zurückgeschlagen und angepreßt; der oberste Teil wendet sich als fadenförmiger Callus nach innen in den Schlund der Mündung hinein und reicht, schräg über die Mündungswand hinweg verlaufend, bis zur Naht, ein gut Stück vom Mundrande entfernt. Das Peristom ist einfach, scharf, unverbunden, der Callus zwischen den Rändern fehlt.

Der Wirbel der Schnecke ist derart angefressen, daß ich nicht zu sagen vermag, ob die Schnecke wirklich in die Familie der Pyramidelliden gehört. Nimmt man dies jedoch an, so hat sie ihren Platz in der *Sars*'schen Gattung Liostomia (*G. O. Sars*, Moll. reg. arct. Norveg. p. 205 ff.) zu finden.

Ein Stück, ziemlich schlecht, mit Schlamm und den oben bei Mangelia antarctica *Pfr* beschriebenen schwarzen Körpern überzogen.

Gattung Streptocionella *Pfr* nov. gen.

Schale klein, hochgewunden, mit dünner Schalenhaut. Mundsaum nicht zusammenhängend. Columelle gedreht, etwa nach Art der Gattung Volutaxis (*Strebel* u. *Pfeffer*, Mexic. Conch. Heft V) gebildet. Um die Nabelgegend herum eine an Lacuna-artige Formen erinnernde Grube.

Es wird mir nicht leicht, auf ein einziges Stück hin, dessen Spitze nicht einmal erhalten ist, eine neue Gattung aufzustellen, doch ist die Bildung der Columelle bei der vorliegenden Art eine so eigentümliche, daß ich sie keiner mir bekannten Gattung einzureihen vermag.

Streptocionella singularis *Pfr.* (Taf. 2, Fig. 8.) — Testa ovato-turrita, tenuis, parum calcarea, chitinosa, pallide fulvescens, sculptura inconspicua; spira elevata, apice?; anfr. (?) 5 convexi, sutura perobliqua profunda sejuncti, ultimus magnus, rotundatus, apertura ²/₅ testae longitudinis occupans, quadrato-circularis, marginibus et exteriore et inferiore regulariter circularibus, columellari angusto, reflexo, subapplanato, leviter S-formi, paene marginem exteriorem attingente; fossa columellaris parum profunda, levissime marginata; peristoma chitinosum, aperturam instar membranae subpatulae circumdans, non continuum.

Long. 3,8 mm.

Schale etwas getürmt, dünn, schwach kalkig, meist chitinig, gelbbraun, ohne wahrnehmbare Skulptur. Spira hoch. Der Apex ist von einer Kalkalge überzogen, deshalb ist auch die Zahl der Windungen nicht genau festzustellen. Die Windungen sind convex, durch eine sehr schiefe, scharfe Naht ziemlich stark eingezogen; gegen die Mündung zu schneidet die Naht ganz außerordentlich tief ein. Die letzte Windung ist groß, gerundet. Mündung fast von $^2/_5$ der Gesamthöhe der Schale, ungefähr viereckig-kreisförmig, der Außen- und Basalrand regelmäßig kreisförmig; die Columelle schmal, etwas zurückgebogen, aber nicht angepreßt, etwas flach, gedreht, schwach S-förmig, fast bis zum oberen Eck des Außenrandes reichend. Die um die Nabelgegend ziehende Grube ist flach, nicht durch eine scharfe Kante begrenzt. Das Peristom ist nicht zusammenhängend; es ist als ein chitiniger, den kalkigen Mundsaum überragender, etwas geöffneter, breiter Saum entwickelt, der, immer schmaler werdend, auch am Außenrande der Columelle liegt.

1 Stück, tot zwischen Hydroiden-Wurzeln gefunden.

Margarita Photinula expansa.

Margarita (Photinula) expansa *Sowerby*. (Taf. 2, Fig. 10 a – d.) — Conch. Illustr. fig. 16 u. 17. — Margarita Hillii Forbes, Proc. Zool. Soc. 1850. p. 272. pl. 11. fig. 10. — *E. A. Smith* l. c. p. 177. — *v. Martens* l. c. p. 93. — Testa late turbinata, subheliciformis, solida, pallide violascente-carnea vel subiridescente-livida vel iridescente-violascente-viridis, laevigata, striis incrementi levissimis, apice subgloboso, spira obtusa, parva, depressa; anfr. 4—4^1/$_2$ convexiusculi, ad suturam subappressi, infra suturam paullulum applanato-excavati, ultimus maximus, aperturam versus descendens, basi excavata, umbilico obtecto; apertura perobliqua, diagonaliter subelliptica, marginibus callo junctis, externo simplice, regulariter rotundato, columellari perobliquo arcuatim ascendente, incrassato, longitudinaliter excavato-fossato. Apertura intus vivide margaritaceo-viridis. Operculum dimidiae aperturae longitudinis, corneum, tenue, circulare, subconcentrice dense spirato-lineatum, 10 fere anfractuum, radiatim densissime arcuato-striolatum.

Diam. 11,6; alt. 9,1; apert. diam. 6,1 mm.

Schale breit kreiselförmig, ähnlich der Varietät von Helix (Acavus) haemastoma L. mit etwas an der Naht abgeplatteten Umgängen, festschalig. Die Farbe der ganz erhaltenen Schalenoberfläche ist ein heller Fleischton mit etwas Violett gemischt. Ist von der obersten Schicht, was zumeist zutrifft, etwas abgerieben, und scheinen die lebhaft grün perlmuttrigen Innenschichten durch, so wird die Farbe ein mit mehr weniger Violettrosa gemischtes Grün, an den allerobersten Windungen eine Art Lasurblau, nämlich ein mit Grün gemischtes sehr volles Himmelblau. Die Schalenoberfläche ist glatt und glänzend, die Wachstumsstreifen sind ganz schwache Striche. Die Spira ist klein im Verhältnis zur Schale; ihr Winkel liegt zwischen 95 und 100°. Umgänge 4—4½, im Profil etwas convex erscheinend; auf den obersten Windungen ist das Profil schwach, aber regelmäßig convex, an den ca. 1½ letzten hingegen ist die Oberfläche der Windung an der Naht abgeflacht, sodaß sie sogar ganz schwach concav erscheint; ferner ist der Anstieg der Windung nach der Naht zu etwas stärker, sodaß man von anfractibus subappressis reden kann. Der letzte Umgang ist groß und steigt nach der Mündung zu recht kräftig herab, sodaß vom letzten Teile der vorletzten Windung ein gut Stück des unter der Peripherie liegenden Bereiches sichtbar wird. Die Basis der letzten Windung ist in der Nabelgegend stark ausgehöhlt. Bei jungen Stücken ist der Nabel als eine Grube, später als ein Ritz sichtbar; bei den erwachsenen Stücken ist nur ein Teil des Ritzes erhalten, der übrige Teil ist von der Columelle bedeckt. Die Mündung steht sehr schräg zur Axe, ist, von vorn betrachtet, stumpf elliptisch, mit dem langen Durchmesser im Winkel von 45° zur Axe stehend; von unten betrachtet ist die Mündung annähernd kreisförmig. Der Außenrand ist scharf, beschreibt einen zunächst flachen, dann stärker gekrümmten Bogen und geht in einem Kreisbogensegment in den Columellarrand über. Dieser steigt in sehr schräger Richtung nach dem Nabel zu an; sein Innenrand ist ein schwach concaver Bogen. Die Columelle ist kräftig verdickt, verbreitert sich nach oben und zeigt eine in ihrer Mittellinie verlaufende mehr weniger ausgeprägte Längsgrube.

Der Deckel ist ein ziemlich dünnes, kreisrundes Hornplättchen, im Durchmesser nicht größer als die halbe Mündung, von der Gestalt eines niedrigen chinesischen Hutes. Die Spiralwindungen sind ziemlich eng, in der Anzahl von etwa 10. Zwischen je zwei Spiralstrichen findet sich ein System von ziemlich dichten, nicht grade regelmäßig ausgebildeten Streifen vor, welche etwa in der Richtung eines stark gekrümmten Radius verlaufen.

Die Ausbeute enthält ein Dutzend Spiritus-Exemplare und etliche zwanzig am Strande aufgelesene.

Patella polaris *Hombr. et Jacq.* (Taf. 2, Fig. 11 a, b; 12 a—c; 13 a, b.) — Ann. d. sc. nat. (2) XVI. 1841, p. 191. — *v. Martens* l. c. p. 93. — Testa oblongo-ovata, plus minusve compressa, costis radialibus rotundatis, sat distantibus, perparce nodosis, saepe obsoletis sculpta, margine rotundato crenato, extus plerumque detrita, brunnea, intus nitide aeneo-nigricans, vertice antrorsum inclinato, in $^{1}/_{3}-{^{2}/_{9}}$ longitudinis sito.

Long. 51; lat. 36; alt. 23 mm.
„ 48; „ 35; „ 26 „ besonders hoch.
„ 59; „ 40; „ 22 „ die längste, ziemlich flach.
„ 47; „ 33; „ 14 „ die flachste.

Wie unsere Patella vulgata in der Nordsee, variirt diese Art ungemein in der äußern Gestalt, sowie in der Stärke der Radialrippen, und dazu kommt noch der verschiedene Grad der mechanischen Abnutzung schon während des Lebens, ohne Zweifel durch die Brandung, um den einzelnen Exemplaren ein sehr verschiedenes Aussehen zu geben und damit die Artdiagnose zu erschweren. Die Schale ist im Allgemeinen länglich, bald ziemlich hoch und dann seitlich etwas zusammengedrückt, bald ziemlich flach und dann mehr regelmäßig oval im Umriß, die größte Breite immer etwas hinter der Mitte und bedeutend hinter den Wirbeln. Die Höhe ist durchschnittlich $^2/_5$ der Länge, sehr selten unter $^1/_3$ oder über die Hälfte; die Breite verhält sich zur Länge wie $2 : 3 - 3^1/_2$. Der Wirbel ist stark nach vorwärts geneigt und sehr oft so sehr abgerieben, daß seine Stelle nicht genau bezeichnet werden kann, im Allgemeinen variirt sie von $^1/_3$ bis $^2/_9$ der Länge. Vom Wirbel gehen abgerundete, verhältnismäßig flache, aber breite Rippen zum Rande und verursachen, daß der Rand entsprechend rundlich ausgezackt ist; an einem der best erhaltenen Exemplare zähle ich 23 solche Rippen; die Zahl variirt aber schon dadurch, daß zuweilen kleinere sich in den Zwischenräumen einschieben. Die Zwischenräume, wo keine solche Einschiebung statt findet, etwa doppelt so breit als die Rippen, aber da die Rippen sich allmählich erheben, ist die Grenze zwischen beiden etwas willkürlich. Sehr oft, selbst an lebend gesammelten, ist aber die Außenfläche so stark abgenutzt, daß von den Rippen nichts mehr zu sehen ist, als die Kerbung des Randes und entsprechende Wellenlinien an den stärkern Wachstumsabsätzen nahe dem Rande. Dem entsprechend ist auch die Färbung der Außenseite verschieden. Bei einem gut erhaltenen jungen Exemplar mit nur sehr schwach angedeuteten Rippen ist sie größtenteils dunkel schwarzblau, nur der Wirbel selbst schon abgerieben und braun; Spuren der dunkeln Außenfärbung finden sich auch da und dort bei älteren Exemplaren, aber vorherrschend ist bei diesen die Außenseite matt gelbbraun, bei den flachen Stücken heller bräunlichgrau; Wirbel, einige stärkere concentrische Ansatzlinien und der Rand in der Regel weiß. Die Innenseite ist sehr dunkel, schwarzblau mit Bronzeglanz, öfters die Mantellinie und zuweilen die ganze Mitte weiß.

Die in Spiritus mitgebrachten Stücke zeigen, daß es eine echte Patelle ist; die Kiemenblätter gehen innen am Mantelrand rings herum, sowol vorn als hinten ununterbrochen, nur an der Stelle des linken Fühlers findet regelmäßig eine Unterbrechung der Reihe statt. Am Mantelrand selbst sitzen kurze Fäden, am vordern Ende sehr zahlreich, an den Seiten und hinten mit weit größern Zwischenräumen.

Die kurze Diagnose von *Hombron & Jacquinot* a. a. O. ist kaum genügend, die Art zu erkennen; doch passen die Maßangaben auf eines der kleineren der vorliegenden Exemplare und die Nichterwähnung der Rippen läßt sich daraus erklären, daß bei diesem kleinsten dieselben kaum merklich sind, bei den größeren oft abgerieben. *Reeve's* Patella aenea conchol. icon., Bd. VIII. Fig. 9, paßt ziemlich gut zu unsern größten und am stärksten gerippten Stücken, namentlich auch was den Abstand der Rippen von einander betrifft; aber die Originalabbildung von Patella aenea bei *Martyn* universal conchologist (ed. Chenu pl. 5, fig. 4) zeigt viel zahlreichere, enger gestellte und dicht knotige Rippen und gehört ohne Zweifel zu Patella deaurata.

Patella Kerguelenensis E. A. Smith ist nach hinten zu bedeutend breiter und auf der Innenseite nicht so dunkel. (M.)

Die Ausbeute der Expedition zählt über 100 Stück.

Trachydermon Steinenii *Pfr.* (Taf. 3, Fig. 1.) — Animal ovatum, latitudine $^3/_5$—$^2/_3$ longitudinis, antice et postice rotundatum, jugo carinato, zona granulis radiatim elongatis densissime obtecta; branchiae 18, a medio pede prope ad marginem posteriorem sitis.

Trachydermon Steinenii.

Testa sat elevata, undique subtilissime granulata, valvae centrales angustiores, longitudine $^1/_4$ latitudinis vix superante, anguli laterales postici non producti; umbone in juvenilibus fortiore et acuto, in adultis obsoletiore et obtusangulo, supra aream centralem instar carinae antrorsum dilatatae continuato. Area centralis lineis transversalibus granulorum minutorum sculpta, quae rectangulariter flexae aream lateralem longitudinaliter ornant; praeterea incrementi intervallis subscalariter sculpta; in juvenilibus minus, in adultis magis conspicue area centralis striis rugulosis ab umbone divergentibus sculpta. Valva antica prope semiorbicularis, marginibus posticis inde ab umbone obsoleto paululum postrorsum versis, lineis concentricis granulorum minutorum obtecta, incrementi striis interdum fortioribus. Valva postica prope semiorbicularis, area postica in modum areae valvae anticae formata; areae laterales $^1/_6$—$^1/_3$ longitudinis areae posticae, lineā recta transversali elevata ab area postica sejunctae; umbone in juvenilibus subacuto, in adultis obsoleto.

Laminae suturales modo Trachydermorum; laminae insertionis longe infra valvae margines recedentes; laminae insertionis valvae anticae et posticae dentibus multis (17 resp. 12) sub-rectangulis.

Color ab rubro-albo usque ad vivide rubrum varians, strigis radiantibus flammatis pallidioribus et saturatioribus in media valvarum centralium parte.

Die Maße des größten Stückes, welches auf einer Unterlage platt festgebunden war und insofern richtige Dimensionen, aber eine sehr große Schlankheit zeigt, sind:

Long. 26; lat. 14: areae ant. long. 3,7; lat. 8,5; areae quartae centr. long. 2,8; (das Maß ist neben der Mittellinie genommen) lat. 10,5; areae post. long. 4,7; lat. 8 mm.

Gestalt des Tieres etwas verlängert oval mit stumpf zugerundetem Vorder- und Hinterende und kielförmig erhobener Mittellinie. Zone mit Granulis bedeckt, welche in radialer Richtung etwas verlängert sind. 18 Kiemen jederseits, welche von der Mitte des Fußes bis kurz vor den Hinterrand desselben reichen.

Schale ziemlich erhaben, in der ganzen Ausdehnung sehr fein granuliert. Mittelplatten verhältnismäßig schmal, die Länge nicht viel über ¼ der Breite, die Hinterecken nicht nach hinten ausgezogen, bei jüngeren Stücken mit stärkerem und spitzerem, bei älteren mit weniger und stumpf vorspringendem Umbo, welcher sich über die Area centralis als platter, nach vorn sich etwas verbreiternder Kiel fortsetzt; Area lateralis von der A. centralis durch deutliche Kante abgesetzt; Area centralis von queren Linien feiner Körnchen überzogen, die sich beim Uebergang in die Areae laterales rechtwinklig im Bogen umbiegen und die Areae laterales mit Längslinien von Körnchen überziehen. Außerdem finden sich mehrweniger treppenartig abgesetzte Wachstumsabsätze ausgeprägt. Bei jungen Tieren mehr, bei alten weniger, findet sich noch auf der A. centralis ein schwaches System radialer, nach dem Umbo convergierender Runzelstreifen vor, von denen bei den beiden großen Stücken durchaus nichts zu sehen ist. Kopfplatte fast halbkreisförmig, die hinteren Seiten von dem wenig ausgeprägten Umbo aus ein wenig sich nach hinten wendend, die ganze Platte mit concentrischen Streifen feiner Granula bedeckt und außerdem mit stärker ausgeprägten, concentrischen Wachstumsabsätzen versehen. Schwanzplatte mit ihrem Außencontour fast einen halben Kreisbogen bildend; die hintere Area grade so gebildet, wie die Kopfplatte. Central-Area von ¼ bis mehr als ⅓ Länge der hinteren Area, von derselben durch eine in querer Richtung umgeknickt verlaufende, kantige Linie abgesetzt. Der Umbo springt bei jungen Tieren etwas spitz vor, bei erwachsenen nicht.

An den Suturalplatten ist kein besonderes Merkmal hervorzuheben. Die Insertionsplatten weichen weit unter das Niveau des äußeren Plattencontours zurück, sodaß, von unten gesehen, der Contour der oberen Schalenplatte den der Insertionsplatte überragt und einsäumt. Die Insertionsplatte der Kopf- und Schwanzschale zeigt eine verhältnismäßig große Zahl (17 resp. 12) von ziemlich rechtwinklig umgrenzten Zähnchen und wird gleichfalls von der Schale peripherisch überragt.

Die Grundfarbe der Schale ist ein von ganz hellem Rötlichweiß bis zu einem ausgeprägtem Rot ausgebildeter Ton, mit mehrweniger deutlichen, auf dem mittleren Teil der Centralplatte auftretenden radialen helleren und dunkleren, geflammten Längsstrichen. Die Zone ist gelbbraun, nach der Peripherie etwas heller, mit seltener oder häufiger auftretenden helleren Quer-Regionen versehen.

Das große Stück des hiesigen Museums ist ziemlich dunkelrot, die Areae centrales und der centrale Teil der Kopf- und Schwanzschale heller, die geflammten Linien sind nur auf der Schwanzschale zu beobachten. Wachstumsabsätze dunkelbraun gefärbt. Das große Stück des Berliner Museums ist rotgelb, außer den sehr schön auftretenden Flammenstrichen auf der ganzen Schale noch mit roter Marmorierung versehen; die sehr zahlreichen und regelmäßigen Wachstumsabsätze dunkelrot. Eine ähnliche Zeichnung zeigen auch kleinere Stücke.

Die soeben beschriebene Art ist jedenfalls die nächste Verwandte von Chiton puniceus Gould (Couth.), muß aber von demselben wegen der starken Skulpturdifferenzen geschieden werden:

puniceus.	Steinenii
Area lateralis schwächer granuliert als die Area centralis.	Beide durchaus gleich granuliert.
Area centralis mit etwa 6 deutlichen longitudinalen Parallelrippen skulpiert.	Area centralis durchaus ohne jede Längsskulptur.

Chiton Zschaui *Pfr.* (Taf. 3. Fig. 2.) — Animal elongato-oblongum, latitudine vix ½ longitudinis, zona oculo non armato nuda, sub forti lente regio interna granulis minutissimis in seriebus obliquis subregularibus atque in intervallis ipsorum magnitudine dispositis, quae in regione marginali in aculeos breves pallidos vertuntur. Branchiae utrimque 28 totam fere pedis longitudinem occupantes.

Testa nitida, striis incrementi dense sculpta, sub microscopio minutissime granulata. Valvae centrales ab areis centralibus et lateralibus angulo tenuissimo sejunctae; incrementi intervalla in area laterali densa et conspicua, in centrali obscuriora, versus partem posticam evanida. Umbo obsoletus, valvae in medio angulatae. Valva postica longa, longitudinem marginis uniuscujusque postici aequans, striis concentricis sculpta. Valva postica minuta atque angusta, ¾ longitudinis valvae anticae paululum superans, longitudine multo brevior; area centralis opaca, postica nitida, sculptura valvae anticae.

Color arearum lateralium externarumque partium anticarum arearum centralium aurantius rubro-marmoratus; medianae arearum centralium partes strigis radiantibus minime divergentibus chocolatinis et violaceo-albidis ornatae.

Gestalt sehr verlängert (6 : 13,5), längst nicht halb so breit wie lang. Die innere Region der Gürtel-Zone ist von ganz minimalen, kaum mit einer starken Loupe wahrnehmbaren Körnchen bedeckt, welche in nicht ganz regelmäßige, schräge Reihen geordnet und von einander etwa um den Abstand ihrer eignen Ausdehnung entfernt sind. Mit einer schwachen Loupe betrachtet, erscheint die Zone noch völlig nackt. Nach dem Rande zu werden die dunklen Körnchen zu hellen, kurzen Stacheln. Die 28 Kiemen reichen fast von Anfang des Fußes bis fast zum Ende desselben.

Die Schalenstücke sind stark glänzend und mit dichtstehenden Wachstumsstreifen versehen; im übrigen erscheinen sie für eine schwache Loupenvergrößerung glatt; bei stärkerer Vergrößerung erkennt man indessen eine ganz feine Granulation. Auf den Mittelschalen sind die Central- und die Lateral-Areen nur durch eine ganz schwache Kante von einander geschieden. Die Wachstumsabsätze, die auf der Lateral-Area dicht und deutlich ausgeprägt sind, werden auf der Central-Area schwächer; der hintere Teil der letzteren erscheint skulpturlos. Der Umbo scheint bei jüngeren Stücken nach hinten vorzuspringen; beim vorliegenden Stück ist das nur an der ersten Mittelschale zu bemerken. Ein kielartiges Vorspringen der stumpfwinkligen mittleren Region der Central-Area ist nicht zu constatieren. Das Kopfschild ist lang im Verhältnis zur Breite, indem die Länge bis zum Umbo der Länge je eines der beiden Hinterränder gleichkommt, es zeigt schwach concentrische, streifige Skulpierung. Das Schwanzschild ist klein und schmal, nicht viel mehr als $^2/_3$ von der Breite des Kopfschildes, auch beträchtlich kürzer als dieses. Area centralis nicht glänzend, dagegen ist die Hinter-Area glänzend und von der Skulptur des Kopfschildes.

Die Areae laterales und die äußeren vorderen Teile der Areae centrales sind gelblichrot mit roter Marmorirung. Die Central-Area zeigt auf ihrem mittleren Teile ein Bündel vom Umbo aus schwach radial divergierender, schön chokoladebrauner und violettweißer Streifen. Auf den vorderen Mittelschildern sieht man auch über den äußeren Teil der Central-Area einige hell-rotgelbliche, schmale Streifen schießen.

Das durch Aufbinden auf Pappe in ausgestreckter Stellung fixierte, einzig vorhandene Exemplar mißt 13,5 mm bei 6 mm Breite;

die breiteste Schale ist 5 mm, sodaß auf die Zone nur je ½ mm kommt, ein Verhältnis, welches jedoch nicht ganz entsprechend ist, insofern die Zone etwas nach unten umgeschlagen, somit, wenn auch nur wenig, doch unbedingt als breiter anzusehen ist. Die dritte Mittelschale des Stückes ist opak rein weiß, eine Abnormität, die wohl auf den einstigen Verlust und spätere Neubildung der betreffenden Schale schließen läßt.

Leptochiton Pagenstecheri *Pfr.* (Taf. 3, Fig. 3.) — Animal elongatum, antice et postice obtuse rotundatum; setis aculeiformibus aequae crassitudinis in interiore zonae parte minus, versus peripheriam magis confertis; poris nullis. Branchiae in postica pallii parte, supra pedis finem, in utroque latere 4, antica minima, sequentes magnitudine crescentes, ultima juxta medianam animalis lineam sita.

Testa elevata, tectiformis angulo rotundato, undique minutissime, inconcinne et irregulariter granulata, areis non separatis. Valvae centrales laminis suturalibus brevibus, altis, laminis insertionis nullis, sinu magno et alto; areae in inferiore valvae superficie striis sulciformibus notatae. Valva antica semi-orbicularis, marginibus posticis angulo 150 graduum divergentibus. Valva postica margine exteriore orbiculari 120 graduum, mucrone subcentrali, margini anteriori paululum approximato.

Testa pallide griseo-fusca, in adultis undique, excepta regione marginali pallidiore, fusco-nigricante punctato-adspersa, zona sordide fusca, setae albidae.

Gestalt verlängert, am Vorder- und Hinterrande stumpf zugerundet, hoch. Die Zone mit locker stehenden, nach der Peripherie zu gedrängteren, kurzen, weißen Stachelborsten von gleichbleibender Dicke bedeckt. Keine Poren. Die Kiemen liegen am allerhintersten Teile des Mantels, über dem freien Fußende und zwar jederseits in der Zahl von 4; die vorderste ist ganz klein, die andern nehmen nach hinten an Größe zu; die beiderseitigen hintersten Kiemen liegen zu beiden Seiten der Mittellinie dicht neben einander.

Schalenstücke stark erhaben, etwas dachförmig mit zugerundeter Firste, mit feiner, jedoch undeutlich ausgeprägter, nicht regelmäßig angeordneter Granulation durchaus bedeckt, ohne Bildung einer Area. Die Mittelplatten haben kurze aber hohe Sutural-Platten; Insertions-Platten sind nicht vorhanden. Der Sinus ist groß und tief; die auf der Oberseite nicht wahrnehmbare Abtrennung der seitlichen Area ist auf der Unterseite durch einen furchenförmigen Strich gekennzeichnet. Der Vorderrand der Kopfplatte ist etwa fast ein Halbkreis; die Hinterränder stoßen in einem Winkel von etwa 150° zusammen. Der Hinterrand der Schwanzplatte ist etwa ⅓ Kreisbogen; der Vorderrand verläuft, in der Aufsicht gesehen, als fast grade Linie. Der Mucro ist subzentral, etwas mehr nach vorn als nach hinten gelegen.

Die Farbe der Platten ist ein ganz helles, fahles Braungelb. Alle Stücke zeigen eine unregelmäßige Bedeckung der Platten mit braunen Punkten, welche nur am Rande der Platten fehlt und hier eine unpunktierte Zone übrig läßt, die heller ist, als die Grundfarbe der Platten im Allgemeinen. Die Zone ist bräunlich, die Stachelborsten weiß.

Die Länge der Tiere ist nicht genau festzustellen, da sie stark zusammengerollt sind, doch scheint 4,7 mm das Maximum der Länge zu sein; die Breite der Schale beträgt 2,5 mm, die des Gürtels 0,8 mm.

In der Ausbeute finden sich 4 Exemplare.

Hemiarthrum setulosum. **Hemiarthrum setulosum** *Cptr.* (Taf. 3, Fig. 1.) — *Dall*, Contr. to the Nat. Hist. of Kerguelen Island. Bull. Unit. States Nation. Mus. II, 1876, p. 44. — Die Original-Beschreibung ist so vorzüglich, daß nichts nachzutragen ist. Die darin offen gelassene Frage wegen der Bildung des Mucro ist an den erwachsenen Stücken nicht zu lösen. An dem einzigen Exemplar mit einigermaßen gut erhaltenen Schalenstücken waren die hervorragenden Teile der beiden letzten Stücke doch noch so angefressen, daß die Lage des Mucro nicht festzustellen war. (Bei den noch in Brutpflege befindlichen Jungen liegt er etwa am Ende des ersten Drittels der Schwanzschale.) Die Kiemen liegen zu 3 jederseits am hintersten Teile des Fußes.

Der Vollständigkeit halber wiederhole ich die Original-Beschreibung. „H. testa latiore, curvata, olivaceo-fusca; jugo planato; mucrone subcentrali? areis haud definitis; tota superficie sensim quincunxiter granulosa, granis satis extantibus. Intus: valva antica et postica conspicue laminata; laminis acutis, haud incisis, haud regularibus, valde extantibus; subgrundis spongiosis, minimis; valvis centralibus et postica laminis suturalibus, triangularibus, maxime distantibus, extantibus, decliviter lateraliter, continuis; sinu maximo, valde spongioso. Zona modica, haud expansa, solida, levi; sparsim minutissime lanuginata; poris minutissimis, setuliferis ad suturas, et circ. IV circum valvas terminales sitis, instructa, setulis minimis, curtissimis."

Die Kiemenanzahl jederseits wird von *Carpenter* als „circiter VI" angegeben, dies stimmt jedoch garnicht zu den vorliegenden Stücken.

Die vom Mantel ausgehende, die Kiemenhöhle von unten deckende Hautfalte ist bei der vorliegenden Art ziemlich stark entwickelt und zwar zum Schutze der Jungen, die das Tier in der Zahl von 6—8 in der Kiemenhöhle beherbergt. Die Falte ist um das ganze

Tier entwickelt, besonders breit jedoch in den hinteren drei Fünfteln; außerdem sind die Fußseiten saumartig entwickelt, sodaß der Schutz der Jungen ein möglichst vollständiger ist.

Die Zone der jungen Tiere ist ziemlich breit und schwach gelblich gefärbt, liegt auf der Unterseite des Tieres und ist mit dicht stehenden, sich etwas zieglig deckenden Körnchen bedeckt.

Etwa 20, meist schlecht erhaltene Stücke; Farbe im Leben „braunschwarz, fast schwarz." Länge ca. 8—11 mm.

Utriculus antarcticus *Pfr.* (Taf. 3, Fig. 5.) — Testa tenuissima, albida, cylindraceo-ovata, latitudine ⅗ longitudinis aequante, spira elata, vertice obliquo; anfractus 3, sutura canaliculata sejuncti, ultimus ¾ testae longitudinis aequans, basim versus coarctatus; apertura superne angustior, infra maxime dilatata, margine exteriore leviter flexuoso, superne sub-auriculato, inferne obtuse rotundato; columella valde arcuata, plica nulla.

Long. 2,7 mm.

Schale ganz dünn, weißlich, cylindrisch-eiförmig, die Breite gleich ⅗ der Länge. Spira verhältnismäßig hoch, die Spitze ganz umgekippt. Umgänge 3, durch eine kanalförmige Naht getrennt; der letzte von ¾ Schalnlänge, nach der Basis zu zusammen gezogen; die Mündung ist oben eng, unten sehr erweitert; der Außenrand ist in der Mitte etwas eingezogen, er setzt sich etwas ohrförmig vom Gewinde ab, indem er erst nach oben, dann in scharfer Rundung umwendend, nach der Basis zu verläuft; unten ist er stumpf, etwa halbkreisförmig gerundet. Columelle stark gebogen, ohne Falte.

Von der Art liegt nur ein einziges, zwischen den Wurzeln von Hydroiden gefundenes Exemplar vor, welches schon so gelitten hatte, daß die Schale bei der geringsten Berührung brach. Ich habe daher die Beschreibung auf die allgemeinsten Züge beschränkt. Von den bekannten Arten ähnelt U. pertenuis (s. *Sars* l. c. tab. 17, fig. 19) der neuen Art am meisten; doch giebt die starke Zusammenziehung der letzten Windung der Schale ein recht verschiedenes Aussehen.

Gattung Aeolis *Cuvier*.

Es ist im Folgenden die Gattung Aeolis im alten *Lamarck*'schen Sinne gefaßt. Da die anatomische Gesamtbearbeitung der Süd-Georgien-Ausbeute noch folgen soll, so ist das spärliche Material vorläufig geschont und nicht anatomisch bearbeitet worden, sondern nur, dem im allgemeinen faunistischen Sinne der Arbeit gemäß, so beschrieben worden, daß es wiedererkannt werden kann. Da auf diese Weise die

Artdiagnosen einer ganzen Gruppe von Merkmalen beraubt wurden, so ist in den folgenden Beschreibungen der Nacktschnecken auf die kurz gefaßte lateinische Diagnose verzichtet worden.

Aeolis Schraderi *Pfr.* (Taf. 3, Fig. 7.) — *v. Martens* l. c. Die Gestalt ist im Ganzen etwas plump. Schnauze groß, stark in die Quere entwickelt, quer halbmondförmig, fast so breit wie das Vorderende des Fußes. In der halben Höhe verläuft der Quere nach eine eingedrückte Furche, in deren Mitte die kleine, dreieckige (mit der Spitze nach unten gerichtete) Mundöffnung liegt; seitlich und ziemlich weit nach hinten reichend ist der untere auf dem Fuße liegende Teil der Schnauze in je eine flügelartige Ausbreitung ausgezogen. Ein wenig oberhalb dieser Ausbreitung, ganz wenig hinter dem vorderen Schnauzen-Ende, steht der kräftig entwickelte Tentakel; im contrahierten Zustande kommt er in der Länge etwa der Höhe der Schnauze gleich und ist ringförmig ziemlich stark gerunzelt. Die Rhinophoren stehen ziemlich dicht hinter der Nackenfalte, sind stark und groß, etwa von der Länge der Schnauzenbreite (ohne die Flügel) und im ganzen Verlaufe ringrunzelig. Der Rücken ist breit, die vorderen zwei Drittel seiner Länge sind in breitem mittleren Bereich nackt, besonders in den ersten zwei Dritteln der nackten Region: an dieser Stelle rückt ein Papillenpaar etwas mehr gegen die Medianlinie zu und schnürt dadurch die Region ein. Bei den jüngeren Tieren ist das Verhältniß nicht festzustellen, vielmehr ist hier die nackte Stelle in annähernd gleichmäßiger Verjüngung über den ganzen Rücken hin entwickelt. Die Papillen sind lang und stark, in ihrem oberen Drittel sich verjüngend, am hinteren Teile des Tieres nach dem Ende zu stärker kolbig aufgetrieben und dann erst zugespitzt. Die Papillen stehen außerordentlich dicht über die Seiten des Mantels verbreitet: hinten legen sie sich dicht über die ganze Körperfläche, die nahe dem Mantelrande stehenden sind ganz klein. Man kann durchgängig, wenn auch zum Teil recht schwierig, eine Anordnung der Papillen in schrägen Reihen feststellen, die sich manchmal nahe dem Mantelrande teilen; aber in der Zahl der Reihen sowol wie in der Anzahl der darin enthaltenen Papillen findet sich eine sehr große Variation. Die Formel für die größten aus No. 6973 ist 19 Reihen: 4, 4, 6, 8, 5, 5, 5 . . . (10 Reihen). In der vorderen Reihe sind die zwei, in der hinteren die drei äußeren seitlichen Papillen sehr viel kleiner. Für ein kleineres Stück derselben Nummer ist die Formel 10 Reihen; 3, 3, $\frac{2}{2,2}$, 5, $\frac{3}{2,2}$, 4, 4, 3, 1. Hierbei bedeutet die 3. und 5. Zahl, daß die Reihe oben einfach ist, sich dann teilt und daß jeder Teilzweig je 2 Papillen hat. Das große Stück aus Nr. 7534 hat die Formel 6, 7, 8, 5, 5, 8, 5, 5, 5, 3, 1, 1, 1. Man bemerkt an dieser Formel, verglichen mit der der großen Stücke aus No. 6973, daß mehrere von den vorderen Reihen der ersteren Stücke bei dem letzten zusammengeschoben, dagegen die letzte Reihe desselben auseinandergezogen ist. Ein Mantelrand ist nirgends besonders ausgeprägt. Der Rücken setzt sich stark vom Fuße ab, der überall einen breiten freien Rand zeigt und sich vorn auch durch eine starke Furche von den Schnauzenflügeln absetzt. Das Schwanzende des Fußes ist in ziemlicher Länge ($1/5$ der gesamten Fußlänge) frei und auf dem Rücken mit einem in verschiedenem Maße ausgeprägten, bis auf die Schwanzspitze reichenden Mittelkiel versehen. Bei den jüngsten Exemplaren ist das freie Fußende viel geringer entwickelt.

6 Stück, das größte 15 mm, bei tiefer Ebbe gefangen, im Leben orange, im jetzigen Zustande bräunlich-fahl.

Aeolis antarctica *Pfr.* (Taf. 3, Fig. 8.) — Die Form ist im allgemeinen schlank. Schnauze quer elliptisch, von der Breite des Fußes, mit einer Querrinne, von der nach unten die senkrecht gestellte Mundspalte abgeht. Seitliche Schnauzenflügel nicht vorhanden. Tentakel und Rhinophoren lang und spitz, von gleicher Länge. Auf den letzteren bemerkt man eine leichte Ringelung. Der Rücken ist schmal. Die Papillen sind ziemlich groß, erreichen jedoch nie $1/3$ der Körperlänge, keulenförmig, mit der größten Dicke in der oberen Hälfte, am Ende etwas plötzlich zugespitzt. Sie stehen vereinzelt, lassen den größten Teil des Rückens und die Seiten völlig frei, so daß sie nur auf der oberen seitlichen Zone des Rückens stehen; ab und zu tritt ein Papillenpaar der Medianlinie des Rückens ziemlich nahe, doch sind diese Paare nicht dieselben bei den verschiedenen Stücken. Von ausgebildeten Papillen zeigen die beiden größeren Exemplare jederseits 10, außerdem noch etliche kleine. Die Formeln sind 1, 2, 2, 2, 2, 1; und 2, 2, 2, 2, 2. Die freien Fußränder sind sehr breit, sie überragen, in außerordentlich starken Kontraktionsfurchen zusammengezogen, den Mantelrand um ein gutes Stück, so daß daraus zu schließen ist, daß der Fuß im lebenden Zustande des Tieres einer großen Ausbreitung fähig war. Das Schwanzende ist frei, außerordentlich lang, $1/3$—$2/5$ der Länge des ganzen Tieres, sehr schlank und spitz zulaufend, auf dem Rücken platt, ohne Kiel.

Aeolis antarctica.

3 Stück, das größte 6 mm, gefunden auf Macrocystis-Blättern, „Hydroiden abgrasend".

Aeolis georgiana *Pfr.* (Taf. 3, Fig. 9.) — Gestalt im allgemeinen ziemlich schlank. Die Schnauze ist quer halbscheibenförmig, die

Aeolis georgiana.

Mundöffnung T-förmig, in dem sich erstens der gewöhnlich vorkommende quere Spalt, ferner ein von der Mitte des Querspaltes nach unten bis zur Fußgrenze gehender, scharfer Vertikalspalt vorfindet. Flügelartige Ausbreitungen der Schnauzen-Seiten sind nur ganz schwach vorhanden, indem sich die seitlichen Ecken etwas nach außen und hinten ausziehen. Tentakel und Rhinophoren etwa von gleicher Entwickelung, die Tentakel etwas dicker; sie erreichen etwa ¹/₃ der Länge der großen Rückenpapillen. Ein sehr großer Teil des Rückens ist nackt; bei den nicht allzustark zusammengezogenen Stücken läuft die breite nackte Zone den ganzen Rücken entlang von den Rhinophoren bis zum Schwanz; dann finden sich auf dem zweiten vorderen Körperviertel überhaupt keine Papillen, so daß das Tier (für den Habitus sehr charakteristisch) in einen vorderen und hinteren papillentragenden und einen nackten mittleren Teil zerfällt. Die Papillen sind als recht groß zu bezeichnen; die des Rückens sind etwa von halber Körperlänge; nach den Seiten zu werden sie kleiner, doch tritt dies nicht in so ausgeprägtem Maße auf, wie bei den anderen Arten, da meist nur eine Papille der Querreihe als klein zu bezeichnen ist.

Etwa ein Dutzend Stücke, welche an Tangwurzeln gefunden wurden, die größten 5 mm lang.

Tritonia antarctica. **Tritonia antarctica** *Pfr.* (Taf. 3, Fig. 6 a, b.) — Körper im contrahirten Zustande viereckig keilförmig; alle den Körper begrenzenden Flächen, die dorsale, die ventrale und die beiden lateralen, sind platt, so daß der Durchschnitt des Tieres viereckig ist und zwar trapezisch, wobei die dorsale die größere der parallelen Trapezseiten ist. Das Velum ist schmal und verläuft über die ganze dorsale Fläche des Kopfes und die obere Hälfte der beiden Seitenflächen. Es ist nach den Enden zu etwas gefingert (etwa 3—4 Lappen), in dem übrigen Bereiche nur gekerbt. Die Fühlerscheiden sind groß, die Fühler selber eingezogen. Die Kiemen sind kleine, verzweigte Bäumchen und stehen auf einer scharfen Kante, welche von der Fühlerscheide, mit der sie zusammenhängt, bis zum Schwanzende verläuft. Die Analöffnung liegt auf der rechten Seite, etwa in der Hälfte der Länge des Tieres, die Genitalöffnung noch im ersten Drittel der Körperlänge. Die Dorsalfläche ist in ihrem vorderen Bereiche schwach, im hinteren Drittel sehr stark gerunzelt. Die Farbe des Tieres ist ein helles Braun, seine Länge beträgt 20, die größte Breite, welche gleich hinter dem Kopfe liegt, 6,2 mm.

1 Stück, welches im Leben gelb war und auf der Klippe gefangen wurde.

Lamellibranchia.

Lyonsia arcaeformis *Mrts.* (Taf. 4, Fig. 1.) — *v. Martens* l. c. p. 94. — Testa albida, oblonga, radiatim tenui-costulata, cuticula pallide olivacea in posteriore testae parte forti, in reliqua testa tenui, umbones versus evanida, super testae costulis pilifera induta; antice rostrato-rotundata, postice abrupte subverticaliter truncata, margine dorsali anteriore versus umbones ascendente, posteriore recto, versus extremitatem paullulum ascendente, margine ventrali convexo, antrorsum subsinuato. Vertices in 3/13 longitudinis siti, subacuti, paulum incurvi, applanati. Depressio supero-posterior ampla, fortis, ab inflatione sub-abrupte sejuncta; depressio antica nulla, byssalis levis.

Long. 13; alt. 7; diam. 4½ mm.

Schale weißlich, oblong, radiär mit feinen Rippenstreifen skulpiert, die etwa um das zehnfache ihrer eigenen Breite von einander entfernt stehen; dicht unter dem Wirbel sind etwa 12 zu zählen, am Rande 59; von diesen entstehen jedoch eine Anzahl erst kurz vor dem Rande. Die Cuticula fehlt nur am Wirbel und den angrenzenden Stellen völlig, auf dem vorderen und unteren Teile der Schale liegt sie als ein ganz hell-olivenfarbiges Häutchen, auf dem hinteren Teile der Schale ist sie indessen stärker und dunkler. Auf den Rippen-streifen erhebt sie sich zu kurzen haarzipfelartigen Fortsätzen, die auf dem hinteren Teile der Schale so stark entwickelt sind, daß die Schalenhaut hier einen filzartigen Charakter annimmt. Die Schale ist vorn geschnäbelt zugerundet, hinten plötzlich und fast senkrecht ab-geschnitten. Der vordere Dorsalrand steigt gegen die Wirbel zu an; der hintere Dorsalrand ist grade, nach dem Hinterende zu ein wenig ansteigend; der Ventralrand convex, in der vorderen Hälfte mit einem seichten Sinus versehen. Die Wirbel liegen in 3/13 der Länge, sind etwas spitz, etwas eingekrümmt und auf dem Rücken abgeplattet. Die obere hintere Depression ist anfänglich stark und setzt sich von dem bauchigeren Teile der Schale durch einen stark ausgeprägten Abfall ab, indem eine Kante gebildet wird, welche von den Wirbeln grades Weges bis zur hinteren unteren Ecke der Schale verläuft. Eine vordere Depression ist nicht ausgebildet, eine solche an der Byssus-Spalte in schwachem Maaße vorhanden.

Von L. patagonica Orb. im Umriß und durch die viel zahl-reicheren Rippen unterschieden. 2 Stücke.

Saxicava antarctica *Phil.* (Taf. 4, Fig. 2.) Archiv f. Naturg. 1845. — *v. Martens* l. c. — Testa transversim oblongo-trapezoidalis, subcompressa, ubique excepto margine inferiore medio hians, nitidula, alba, cuticula pallide straminea induta, intus nitide alba; concentrice rugosa, rugis antice et postice rudioribus. Extremitas antica rotundata, postica subverticaliter rotundato-truncata, vertice in $^2/_3$ longitudinis sito. Margo superior levissime declivis, paene horizontalis, rectus, obtuse in marginem posteriorem subrectum subverticalem transiens; margo anterior rectus, decliviter-curvatim transiens in marginem inferiorem horizontalem in media parte levissime sinuatum, rotundato-rectangulatim in marginem posteriorem transientem. Vertices subtumidi, applanati, acuti, incurvati. Depressiones antica minima, postico-dorsalis inconspicua, byssalis lata. Dentes singuli anteriores in utraque valvula trigonales erecti.

Long. 20; alt. 10,4; lat. 7.

Schale von querer langgestreckter Trapezform, im Vergleich zu unserer gemeinen nordischen Art etwas zusammen gedrückt, überall mit Ausnahme eines mittleren Bereiches des unteren Randes klaffend, etwas glänzend, weiß, mit hell strohfarbiger Schalenhaut, innen glänzend weiß; mit konzentrischer Runzelung, die auf der Mitte der Schale nicht besonders stark, nach hinten und besonders nach vorn jedoch kräftiger ist. Die vordere Extremität ist gerundet, die hintere in einem fast vertikal stehenden flachen Bogen abgestutzt. Die Wirbel liegen in $^2/_3$ der Länge. Der obere Rand fällt nach hinten ganz schwach ab, ist erst horizontal und grade und geht, in stumpfer Rundung umbiegend, in den Hinterrand über, der fast horizontal und fast gradlinig ist. Der Vorderrand ist zunächst den Wirbeln grade, biegt dann in stumpfer, ziemlich weiter Rundung nach dem Unterrande um. Dieser ist horizontal und ist nur an der Stelle der byssalen Depression schwach und ganz flach eingezogen; er geht in gerundetem rechten Winkel in den Hinterrand über. Die Wirbel haben einen ziemlich breiten, abgeflachten Rücken, der sich von der übrigen Schale in Breite und Höhe deutlich abhebt; die Wirbelspitzen sind klein und völlig eingebogen, sodaß sie im Profil nicht sichtbar werden. Die vordere Depression ist nur an dem graden Teile des Vorderrandes als eine schmale Randzone entwickelt; die hintere ist wenig ausgeprägt, aber genau zu erkennen, insofern ihre Grenze als eine ziemlich bestimmte, vom Wirbel nach dem unteren Teile des Hinterrandes streichende, strichartige Kante ausgeprägt ist. Die dritte Depression, welche ich hier wie im folgenden als byssale bezeichnen will (weil man bei den Byssus-tragenden Muscheln sicht, daß sie in enger Beziehung zu diesem Verhältnis steht) ist in ziemlicher Breite als ein breit dreieckiger, mit der Spitze nach den Wirbeln zu gerichteter Bereich zu erkennen. In jeder Klappe steht ein ziemlich kräftiger, dreieckiger, frei hochstehender, schwach zweiteiliger vorderer Schloßzahn.

Lepton costulatum *Mrts.* l. c. — Testa oblique cordata, sat compressa, tenuissima, distincte radiatim costulata, pellucida; vertex subposticus, margo dorsalis utrinque, at antice magis declivis, ventralis valde arcuatus. Pallii margo prominens, tentaculatus, antice utrinque tentaculo uno majore; pes prominens, reptatorius.

Long. 3¹/₄; alt. 2¹/₃; diam. 1²/₃ mm; vertices in ⁵/₉ longitudinis siti.

Die ausführlichere Beschreibung nebst den Abbildungen wird bei der anatomischen Bearbeitung des Materiales geliefert werden, da die Zartheit der Stücke die äußerste Schonung gebietet. — 2 Stücke, an lebenden Spatangiden gesammelt.

Gattung **Cyamium** *Philippi.*

Es mag hier vor der Beschreibung der einzelnen Arten angeführt werden, daß es bei der Gattung Cyamium unmöglich ist, nach einem oder wenigen Exemplaren die Bildung der Schloßzähne festzustellen. Die Variation ist eine sehr weitgehende; erst wenn man eine größere Anzahl von Stücken einer Art neben einander liegen hat, erkennt man den Typus.

Cyamium imitans *Pfr.* (Taf. 4, Fig. 5 a, b.) — Testa oblongo-ovata, oblique inflata, minime nitens, albida, supra et postice castaneo-fusco tincta, plicis concentricis subregulariter plicata, cuticula decidua straminea ad margines extus et intus induta. Valvulae intus nitide albae, superne castaneo-brunneae. Vertices prope antici, subinflati, incurvi. Extremitas antica paene nulla, obtuse rotundata. Margo dorsalis posterior subrectus, horizontalis, postice aliquantulum ascendens, tunc levissime declivis; margo posterior subverticalis, subtruncate in dorsalem et ventralem transiens; margo anterior fortissime declivis, subverticalis, levissime convexus, rotundato-rectangulatim in marginem ventralem leviter convexum transiens. Valvulae ab umbonibus versus angulum postero-inferiorem inflatae, reliqua pars versus margines applanata, depressione byssali interdum conspicua. Ligamentum externum longum, internum in fovea longa angusta fortiter excavata, inde ab umbonibus leviter ascendente situm; dentibus cardinalibus duobus mediocribus, in valvula sinistra posteriore, in valvula recta anteriore majore.

Schale länglich-eiförmig, in einer schrägen Zone aufgeblasen, kaum oder garnicht glänzend, weißlich, oben und hinten, meist nur bis zum Maximum der Aufblähung, oft aber darüber hinaus, fast über die ganze Länge der Schale hin, rötlich-kastanienbraun gefärbt; mit concentrischen Falten, die an sich nicht sehr regelmäßig gebildet und wohl nur als Wachstums-Absätze zu betrachten sind, die aber durch ihre Anordnung in ziemlich gleichen Abständen der Schale bei schwacher Vergrößerung eine ziemlich regelmäßig aussehende Skulptur verleihen. Die graulich-strohfarbene Schalenhaut liegt über dem jüngst gebildeten Teile der Schale, am unteren und hinteren Rande wie bei Modiolarca-Arten ziemlich weit auf die Innenwand der Schale hinüber reichend. Die Klappen zeigen inwendig dieselbe Farbe wie außen, nur reiner: das Weiß ist meist ganz rein, die braune Farbe intensiver und ohne den rötlichen Ton der Außenfläche. Die Wirbel liegen fast am vorderen Ende der Schale, sind aufgeblasen und eingekrümmt. Der Vorderteil hat bei der endständigen Stellung der Wirbel kaum eine Längenausdehnung; er ist stumpf zugerundet. Der Hinterteil ist sehr lang, schmal, mit fast parallelem Dorsal- und Ventralrand, hinten fast abgestutzt zugerundet. Der hintere Dorsalrand ist lang, im ersten Verlauf meist grade und horizontal, sich etwas erhebend und dann abfallend, wodurch eine merkliche Convexität erzeugt wird. Der Übergang in den Hinterrand geschieht gerundet-stumpfwinklig; der Hinterrand selber ist kurz, convex, und steht etwa senkrecht. Der Übergang in den Ventralrand geschieht abgerundet-rechtwinklig. Der Vorderrand läuft mit dem Hinterrand parallel, ist etwas convex oder S-förmig geschwungen und geht, etwa rechtwinklig zugerundet, in den Ventralrand über, der eine leichte Convexität hat, manchmal aber ziemlich stark gebogen und andrerseits wieder fast grade ist. Von den Wirbeln läuft nach dem hinteren unteren Ende der Schale eine Aufblähung, die nach den Rändern zu sich abflacht; manchmal findet sich gegen den oberen Rand zu eine ganz schmale Depressions-Zone; auch nimmt man in einem mittleren Bereich, der etwa der byssalen Depression bei den Modiolarca-Arten entspricht, manchmal eine sehr breite, aber ganz seichte Depression wahr. Das Vorderende der Muschel ist meist etwas zusammen gekniffen. Das äußere Ligament ist lang und kräftig entwickelt und erhebt sich zum Teil als deutlicher Wulst außen am Schalenrande. Der erhabene Teil des Ligamentes liegt vom Wirbel etwa um seine eigene Länge entfernt. Das dicke und starke innere Ligament liegt in einer langen, schmalen, sehr tief ausgehöhlten, graden Grube, welche sich von den Wirbeln aus etwas über die Horizontale erhebt. Die Schloßzähne sind nur mäßig, in jeder Klappe zwei, in der linken der hintere, in der rechten der vordere größer. Von dieser Norm finden sich alle möglichen Abweichungen; zuweilen ist in der einen Klappe nur 1 Zahn, zuweilen in jeder nur einer ausgebildet; schließlich findet man in manchen Fällen nur noch Rudimente von Zähnen. Auch bei dieser Art verschwinden die Zähne im Alter mit der Verdickung des Schloßrandes. Über Mimicry dieser Muschel s. p. 127.

Cyamium Willii *Pfr.* (Taf. 4, Fig. 3 a—c.) — Testa transverse *Cyamium Willii.* oblongo-ovata, antice rotundato-trigonalis, postice rotundata, inflata, concentrice regulariter et confertim lirato-striata, sat tenuis, opace alba, periostraco pallide flavo; vertices prominuli; margo superior anticus diagonaliter descendens, posticus elongatus, rectus vel leviter convexus; margo inferior regulariter convexus, ab antico eleganter angulatim abscedens; dentes cardinales utrimque duo, mediocres, approximati, divergentes, in utraque valvula anticus major, curvatus; ligamentum duplex, externum tenue, paene inconspicuum, internum in fovea longitudinali angusta pone dentes situm. Sinus palliaris nullus. Facies interna alba. Testa nullibi hians.

Schale länglich-eiförmig, von eleganter, an Tapes-Arten erinnernder Gestalt, ziemlich bauchig, ziemlich dünn, concentrisch regelmäßig und dicht mit rundlich-erhabenen Reifen umzogen; kreideweiß, mit hellgelber Schalenhaut, die meist an den Wirbeln fehlt und sich nicht so leicht ablöst, wie bei der folgenden Art. Die Wirbel ragen bei allen Exemplaren etwas, bei jungen dagegen außerordentlich weit vor. Der Vorderrand steigt, sich stark von den Wirbeln absetzend, diagonal herab und ist zu Anfang etwas concav; an sein meist grades Ende setzt sich bogenförmig — wie bei vielen Veraceen — der Ventralrand an; diese Bildung ist sehr elegant und außerordentlich charakteristisch. Der Ventralrand ist regelmäßig und kräftig gerundet. Der hintere Dorsalrand hat bei älteren Tieren einen horizontalen Verlauf und ist grade oder schwach convex; bei jüngeren steigt er dagegen in schwachem, aber regelmäßigen, schönen Bogen nach hinten an, dann wendet er sich, bei jüngeren allmählich, bei älteren etwas plötzlich, nach unten. Der Hinterrand ist etwas convex und hat eine schwache Richtung nach hinten. An der Stelle, wo er in den Ventralrand übergeht, ist die Bildung etwas winklig. Die stärkste Aufblähung der Schale ist eine ganz schmale, vom Wirbel nach der hinteren unteren Ecke verlaufende Region, die den Eindruck einer gerundeten Kante macht. Von da aus flacht sich die Schale, jedoch immer schwach convex bleibend, nach den Rändern zu ab; eine byssale Depression ist in ganz schwachem Maaße vorhanden. Die Cardinalzähne sind von mittlerer Größe, aber bestimmt, schlank und hochstehend ausgebildet; sie stehen dicht neben einander, ein wenig divergierend; der vordere ist in jeder Klappe der größere. Das äußere Ligament ist dünn, kaum wahrzunehmen; das innere liegt in einer longitudinalen schmalen Halbrinne, deren Unterrand nicht besonders weit in den Hohlraum der Schale hinein ragt.

Cyamium Mosthaffii *Pfr.* (Taf. 4, Fig. 1 a, b.) — Testa transverse oblonga, irregularis, subtortuosa, antice rotundata, postice rotundato-truncata, subruditer concentrice lirato-striata, tenuis, opace alba, periostraco pallide griseo-flavido; vertices prominuli; margo dorsalis horizontalis, posterior declivis, a dorsali rotundato-obtusangulatim descendens; anterior declivis; ventralis leviter curvatus; dentes cardinales utrimque duo, mediocres, approximati, levissime divergentes, anterior major; ligamentum duplex, utrumque breve, internum in fovea longitudinali latiuscula pone dentes situm. Sinus palliaris nullus. Facies interna alba. Testa nullibi hians.

Schale länglich, etwas unregelmäßig ausgebildet, indem sich einige eingedrückte oder verbogene Stellen finden, vorn zugerundet, hinten etwas abgestutzt, mit dichten concentrischen erhabenen, in der Stärke etwas ungleichmäßigen Streifen umzogen; dünn, kreideweiß, mit gelbgrauer oder graugelber Schalenhaut, die sich leicht in Fetzen abblättert und gegen die Wirbel zu fehlt. Die Wirbel sind ziemlich klein und ragen hervor, meist ein wenig schwächer, als bei der vorigen Art. Der Dorsalrand verläuft horizontal, biegt dann ziemlich plötzlich in den schräg nach hinten gerichteten, die Schale etwas abstutzenden Hinterrand um. Der Vorderrand buchtet sich vor den Wirbeln nicht ein, wie es bei der vorhergehenden Art die Regel ist, sondern verläuft grade von den Wirbeln nach vorn und unten, wo er sich in einem zugerundeten rechten Winkel mit dem Ventralrand verbindet. Dieser ist etwas schwächer convex als bei der vorhergehenden Art. Die Stelle der stärksten Aufblähung liegt, wie bei C. Willii, in der Verbindungslinie der Wirbel mit der hinteren unteren Ecke; von dieser Linie aus wölbt sich die Schale schwach convex nach dem Unter- und Vorderrand, und flacht sich andrerseits ziemlich platt nach dem Hinter- und Oberrand ab. Eine byssale Depression ist bei einigen recht deutlich ausgeprägt. Schloßzähne finden sich in jeder Klappe zwei hohe, die fast neben einander entspringen und etwas divergieren; der vordere ist in beiden Klappen der größere und etwas gekrümmt. Der vordere Zahn der linken Klappe ist stärker, höher und mehr gebogen, als der der rechten Klappe. Das äußere Ligament ist dünn, zwischen den Klappen liegend, kaum hervorragend; das innere liegt, wie bei der vorhergehenden Art, jederseits in einer longitudinalen, mit ihrem Unterrand in den freien Raum der Schale vorspringenden Halbrinne. Ligament und Grube sind wohl ein klein wenig breiter als bei der vorhergehenden Art.

Gattung Philippiella *Pfr.* nov. gen. Ungulidarum.

Schale rundlich-viereckig, sehr ungleichseitig, klein, farblos; Wirbel am Vorderende des Dorsalrandes; außen mit starker, hautförmiger, über die Peripherie der Schale hinausreichender Cuticula versehen. Ligament randständig, lang und schmal. Weder Cardinal- noch Lateralzähne, höchstens die ganz schwachen Spuren davon. Keine Mantelbucht. Zwei Muskeleindrücke, der eine in der unteren vorderen Ecke der Schale, der andere in der Mitte des Hinterrandes. Außer den beiden von Süd-Georgien stammenden Arten besitzt das hiesige Museum noch eine solche von der Lemaire-Straße.

Philippiella quadrata *Pfr.* (Taf. 4, Fig. 6 a, b.) *Martens* l. c. p. 94, Nr. 32.

Testa subquadrata, tribus angulis rotundatis, quarto (umbonali) subacuminato, subplana, albida; cuticula straminea, non nisi in ipsis umbonibus evanida, marginem testae late superans. Margo dorsalis rectus, rotundato-rectangulatim in marginem posteriorem transiens; anterior supra concaviusculus, infra convexiusculus, rotundato-rectangulatim in marginem ventralem antice minus postice magis convexum transiens; margo posticus subverticalis. Umbones acuti, antrorsum et sursum prominentes, subinflati. Depressio postica levis, sed conspicua, impressione levissime ab inflatione sejuncta.

Long. 4.1; altit. 4,3; crass. 1.9 mm.

Schale annähernd quadratisch mit drei zugerundeten Ecken. Die Dorsalkante verläuft völlig grade und geht dann im Bogen fast rechtwinklig in den Hinterrand über; der Vorderrand ist in der Nähe des Wirbels etwas concav, wendet sich dann in ganz flachem Bogen nach außen und geht so in den Ventralrand über, welcher sich nach dem Vorderrand zu allmählich, nach dem Hinterrand zu etwas stärker erhebt. Die Wirbel sind spitz und etwas nach oben und vorn vorspringend. Die Schale im allgemeinen ist ziemlich flach, doch zeigen die Wirbel eine Aufblähung. Von diesen verläuft nach der unteren hinteren Ecke der Schale eine ganz schwach ausgeprägte Einpressung; vor derselben ist die Schale deutlich gewölbt, hinter derselben deutlich zusammen gedrückt. Auf den Wirbeln liegen die porzellanweißen Embryonal-Schälchen als länglich-halbovale, mit der graden Kante gegen einander gerichtete, deutlich abgesetzte, flache Buckel auf. Von der Dorsalseite aus betrachtet ist das Ligament kaum zu sehen und verschwindet völlig zwischen den Klappen. Auf der Vorderseite macht sich unter den Wirbeln eine ganz schwache Asymmetrie bemerkbar, insofern die rechte Klappe eine ganz schwach-convexe Ausbuchtung, die linke eine dem entsprechende concave Einbuchtung zeigt.

An der Innenfläche der Klappen bemerkt man an der Dorsal- und Hinterkante einen stark ausgeprägten, breiten Schalenrand; die Ventral- und Vorderkante dagegen stoßen nur mit dem peripheren Rande der Klappen zusammen. Von den Cardinal- und hinteren Lateralzähnen ist keine Spur vorhanden; von den vorderen Lateralzähnen dagegen kann man ein ganz schwaches, flaches Rudiment bemerken; daher rührt auch die oben beschriebene schwache Asymmetrie der Klappen vorn unterhalb des Wirbels. Die Charaktere des Mantelrandes und der Muskeleindrücke waren wegen der außerordentlich mangelhaften Ausprägung recht schwer fest zu stellen; doch kann der oben bei der Gattungs-Diagnose gegebene und Taf. 4, Fig. 6 b dargestellte Befund als sicher angesehen werden. Die Schale ist weißlich, vielleicht auch rein weiß (man kann das wegen der Cuticula nicht sehen), von einer glatten, glänzenden, durchscheinenden, häutigen, strohfarbenen Cuticula bedeckt, die nach vorn, hinten und unten die Schalenklappen weit überragt.

1 Stück.

Philippiella ungulata.

Philippiella ungulata *Pfr.* (Taf. 4, Fig. 7.) Testa quadrato-suborbiculata, apice rostratim projecto, undique ventricosa, alba; cuticula olivacea, versus margines plicata, defoliante, induta; umbonibus late nudis. Margo dorsalis subrectus, arcuatim in marginem posteriorem orbiculatim-convexo transiens; ventralis orbiculatus; anterior sigmoideus, supra concaviusculus, infra convexiusculus. Umbones inflati, peracute rostrati. Depressio postica nulla.

Long. 3; alt. 3; crass. 1,7 mm.

Schale im allgemeinen kreisförmig, mit hakenförmig vorspringendem Wirbel. Nimmt man zum Vergleich die andere Art hinzu, so bemerkt man freilich, daß auch hier die Grundform der Schale quadratisch ist; nur ist die Zurundung der Ecken stärker, kreisbogenförmig. Der Dorsalrand verläuft ziemlich gradlinig; der Hinterrand fällt nicht rechtwinklig, sondern steil nach hinten ab; der Vorderrand ist stärker gerundet als bei der andern Art und erhebt sich in annähernd gleich starkem Bogen nach der Vorder- und Hinterkante. Die Vorderkante ist unterhalb der Wirbel nach hinten und innen eingezogen, sodaß der Wirbel hakenartig vorspringt; in der Gegend dieser Einziehung klaffen die Schalen, indem sie zwischen sich eine breit-lanzettliche Öffnung lassen. Die Schale ist ziemlich bauchig; eine sich besonders kennzeichnende Depression ist nur in einer schmalen Zone unterhalb der Rückenkante bemerkbar. Die Schale ist opak kreideweiß; die Cuticula olivenbraun, nicht durch-

scheinend, mit concentrischer, faltiger Runzelung, besonders gegen den Rand zu.
1 Stück.

Der Gattung Philippiella angehörig liegt noch ein Stück vor; dies hat jedoch schon bei Lebzeiten außerordentlich gelitten, sodaß es nicht mehr recht zu beschreiben ist. Es hat den Habitus der zuletzt beschriebenen Art, doch klaffen die Schalen nicht unterhalb der Wirbel.

Modiolarea subquadrata *Pfr.* (Taf. 4. Fig. 8 a—e, 9.) — Modiolarca exilis A. Adams, *Martens* l. c. p. 93. — Testa breviter trapezoidalis vel subquadrata, inflata marginibus compressis, cuticula cinnamomeo-fusca, verticibus prope extremitatem anticam sitis, cuticula destitutis, violaceo-roseis, facie interna roseo-purpurea; verticibus inflatis, involutis, extremitate antica parva, attenuata, nasuta; postica maxima, ovato-obtusata; margo dorsalis subhorizontalis, anticus quam maxime declivis, subrectus, paullulum convexus, margo posticus obtusissime declivis, antico subparallelus, margo ventralis antice sinuatus; valvulae maximam partem inflatae, maxima inflatione ab umbonibus arcuatim in partem testae inferiorem posticam versa; depressione supero-postica modica, ab inflatione subangulatim sejuncta, depressione antica angustissima, saepe inconspicua, depressione byssali instar fossae leviter compressae curvatim in verticem versa.

Schale kurz trapezoidalisch oder annähernd quadratisch, aufgeblasen, von einer dicken, zimmetbraunen Schalenhaut bedeckt bis auf einem ziemlich ausgedehnten Bereich um die Wirbel, der die violett-rosenrote Farbe der Schale zeigt. Eine gleiche, aber lebhaftere und rosigere Farbe haben die Innenseiten der Klappen. Trocknen die Schalen an, so wird das Braun der Schalen düsterer und erhält einen mehr-weniger ausgeprägten Oliventon; da, wo die Schalenhaut sich nach innen um den Rand der Schale herumlegt, ist sie rein olivenfarbig. Schabt man die Schalenhaut auf der Oberfläche der Schale ab, so erblickt man die glänzende, schwach-fleischfarbig-violettweiße Oberfläche der eigentlichen Schale. Die Wirbel sind aufgebläht und eingerollt, beide Merkmale sind jedoch nicht so ausgeprägt wie bei M. trapezina. Die Wirbel liegen dem Vorderrande der Schale ziemlich nahe, jedoch in verschiedenem Maaße; das steht mit der Entwickelung der Vorder-Extremität in Beziehung; diese ist als recht kurz zu bezeichnen, nasenförmig, auch etwas zusammengedrückt. Die Hinter-Extremität ist sehr groß, sehr stumpf-eiförmig, nach den Rändern zu etwas angeschärft. Der Dorsalrand verläuft annähernd horizontal; er steigt selten, wie man es bei M. trapezina häufig findet, von den Wirbeln aus besonders stark nach oben; doch findet sich in diesem Punkte, ebenso wie bei M. trapezina, eine ganz außerordentliche Variationsweite. Der Vorderrand steigt sehr abschüssig ab; er ist fast gerade, ein ganz wenig convex; der Winkel des Abfalles ist recht verschieden, insofern dieser bei einigen wenigen fast senkrecht fällt, während er bei andern viel sanfter, als bei M. trapezina, abfallen kann. Der Hinterrand wendet sich ganz plötzlich in sehr stumpfem, etwas abgeschnittenen Bogen nach unten, sodaß der Hinterrand bei den meisten Exemplaren dem Vorderrande annähernd parallel verläuft. Dies ist das allgemeinste und charakteristischste Merkmal der Art. Der Ventralrand ist an der Stelle, wo die Byssus-Spalte liegt, schwach eingezogen; der Rand selber ist in verschiedenem Grade gerundet, nie jedoch sehr stark, manchmal ist er fast gerade. Die Aufblähung der Schale wird, wie bei M. trapezina, von einem Rücken gebildet, der von den Wirbeln im Bogen nach dem hinteren unteren Teil der Schale streicht. Wie bei M. trapezina hat die Schale drei Depressionen, zwei am Rande liegende, nämlich eine oben und hinten, die andere vorn, schließlich eine, welche von der Stelle der Byssus-Spalte nach den Wirbeln zu zieht. Sämtliche Depressionen sind an Umfang und Stärke schwächer ausgebildet als bei M. trapezina. Die obere setzt meist etwas kantig von der Aufblähung ab; die Stelle, wo diese Kante auf den Hinterrand stößt, ist garnicht oder ganz schwach eingebuchtet. Die vordere Depression ist ganz schmal, meist im Profil garnicht als solche bemerkbar. Die byssale Depression zeigt sich meist nur als eine schwach gebogene, auf den Wirbel zuweisende, breit-strichförmig eingepreßte Furche; eine mehr flächenförmig entwickelte Depression wie bei M. trapezina, wo die Schale an der besagten Stelle meist auf höchst charakteristische Weise zusammen gekniffen ist, kann nur in seltenen Fällen und in ganz außerordentlich schwachem Maaße beobachtet werden. In der linken Klappe steht eben vor dem Wirbel ein ziemlich schmaler, dreieckiger, oben etwas stumpfer Zahn; vor ihm liegt eine punktförmige Grube. In der rechten findet sich, dem Zahn der linken entsprechend, eine punktförmige Grube, und davor, dem Schloßrande ganz angepreßt, das Rudiment eines kleinen Zahnes. Bei jungen Stücken ist die Bezahnung viel vollständiger. Es findet sich in der linken Klappe vor dem Zahn eine längere, strichförmige Grube, der in der rechten Klappe ein schmaler, vom Schloßrande durch eine Furche getrennter Zahn entspricht.

Diese Art liegt in mehr als 50 erwachsenen und einer großen Anzahl von kleinen Stücken vor; die jungen machen einen schlankeren Eindruck, insofern die Hinter-Extremität stets länglicher eiförmig ist.

Sie sitzen an Tangblättern, an dieselben und unter sich mit ihrem Byssus festgesponnen, zusammen mit M. faba und M. nigromarginata.

Während die Art im allgemeinen trotz ihrer großen Variationsweite einen ganz einheitlichen Habitus hat, stellt sich dieser eine gut ausgesprochene Varietät gegenüber. Diese scheint auch örtlich von der typischen Form getrennt gewesen zu sein, denn sie wurden seiner Zeit separat von der Expedition eingeliefert. Diese Form (Fig. 9) ist klein, wahrscheinlich nicht ausgewachsen; ich vergleiche sie deshalb mit gleich großen Exemplaren der typischen Form. Sie ist eiförmig-trapezoidal, die Vorder-Extremität mehr rundlich geschwungen, sodaß Vorder- und Hinterrand deutlich divergieren. Die Farbe ist außerordentlich viel heller, die Schale selbst hell-rosenrot, die Schalenhaut braungelb oder hellbraun; beim Antrocknen erhält sie einen ganz schwach olivenfarbigen Strich. Wirbel in großem Bereiche nackt. Das Innere ist schmutzig-rosa, die vordere Depression etwas stärker ausgeprägt als bei der typischen Form, die hintere Depression dagegen fast garnicht zu bemerken; die Einziehung des Ventralrandes dagegen und die byssale Depression sind viel stärker als bei der Hauptform; es findet sich nicht nur die oben beschriebene Grube, sondern, wie bei M. trapezina, ein breiter Bereich der Schale hinter der Furche eingedrückt.

Modiolarca nigromarginata *Pfr.* (Taf. 4, Fig. 11.) — Testa ovato-trapezoidalis, tenuis, compressa, pallide rufescente-grisea, nigrescente marginata, verticibus in quarta parte anteriore sitis, parum inflatis et involutis, extremitate antica parva, rotundato-angulata, trigonalis; postica magna, semi-oblongo-ovata. Margo dorsalis subhorizontalis, curvatim in marginem inferiorem transiens; margo anterior declivis, rectus, rotundato-angulatim in marginem inferiorem transiens; margo ventralis leviter curvatus, non sinuatus. Depressiones nec postica nec antica; in regione inter verticem et fissuram byssalem interdum levissima impressio vel striae filiformes verticem versus evanidae.

Modiolarca nigromarginata.

Schale trapezoidisch-eiförmig, dünn, zusammengedrückt. Farbe hell-rotgrau oder gegen die Ränder hell-rotbraun oder auch ganz rotbraun, der Unterrand oder auch der ganze Rand schwärzlich besäumt. Cuticula beim Antrocknen eine etwas olivengraue Farbe annehmend; der schwärzliche Rand, welcher nur von der Cuticula herrührt, verbleibt auch beim Antrocknen. Nach den Wirbeln zu wird die Cuticula dünner, sodaß die Farbe der Schale einfach durchscheint. Die dem Wirbel aufsitzende Embryonalschale nebst dem daran stoßenden Teile des Wirbels ist außerordentlich lebhaft gelbbraun gefärbt. Die Wirbel stehen etwa auf der Grenze des ersten und zweiten

Viertels, sind nicht eigentlich aufgeblasen und wenig eingerollt. Die Vorder-Extremität ist demnach ziemlich kurz, etwa dreieckig mit zugerundetem Winkel von etwa 75°. Hinter-Extremität groß, verlängert halb eiförmig. Dorsalrand ungefähr horizontal, nach vorn ein wenig ansteigend, geht dann in ziemlich regelmäßiger Rundung in den Hinterrand und dieser in etwas stärkerem Bogen in den Ventralrand über. Der Vorderrand fällt ziemlich steil ab und ist ziemlich gerade. Der Ventralrand ist nur schwach gebogen und zeigt nahe dem Vorderrande durchaus keinen Sinus; höchstens nähert sich der Contour der Schale an der Stelle, wo die Byssus-Öffnung liegt, mehr einer graden Linie. Eine obere und vordere Depression ist nicht vorhanden; von der byssalen Depression kann man zuweilen geringe Spuren feststellen, entweder als einen ganz flachen Eindruck oder als Striche, die von der Byssus-Spalte nach den Wirbeln zu gerichtet sind.

Obgleich die Charaktere dieser Art nicht besonders auffälliger Natur sind, so treten sie doch immer alle zugleich auf, sodaß die Feststellung der Art in keinem Falle einer Unsicherheit unterliegt. Die helle, stark mit Grau gemischte Farbe, der dunkle Rand und der Mangel der Depressionen läßt die Art sogleich erkennen. Die oben beschriebene Varietät von M. subquadrata erscheint als ein Mittelglied zwischen der typischen M. subquadrata und der vorliegenden M. nigromarginata; in der Form ähneln sich beide fast vollkommen bis auf die Sinus-Bildung des Ventralrandes; auch in der Zusammengedrücktheit der Schalen und der Farbe nähern sich beide Muscheln.

Modiolarca faba.

Modiolarca faba *Pfr.* (Taf. 4, Fig. 10 a—c.) — Testa ovato-trigonalis, ventricosa, castanea, parum nitens, (assiccata: olivaceo-brunnea) cuticula ejusdem coloris induta; verticibus raro attritis; facies interna nitente-fulva. Extremitas antica rotundato-trigona, postica ovato-attenuata. Margo superior levissime declivis, leviter curvatus, dein plus minusve abrupte in marginem posteriorem versus; margo posterior ovatim curvatus, itemque in marginem ventralem transiens; margo ventralis curvatus, antice plerumque subrectus, rarissime sub-sinuatus; margo anterior declivis, levissime curvatus. Vertices perin-flati, ampli, planati, incurvi; inflatio totam fere testam occupans. Depressiones antica et postero-superior fortissimae, angustae, superior angulatim ab inflatione sejuncta; depressio byssalis inconspicua.

Schale eiförmig-dreieckig, bauchig, kastanienbraun, in verschiedenem Maaße, nie jedoch stark, öfters garnicht, glänzend. Die Schalenhaut hat dieselbe Farbe wie die Schale; bei den gut erhaltenen Stücken bedeckt sie die ganze Schale mit Ausnahme der intensiv kastanienbraun gefärbten Embryonal-Schale; bei andern ist die Schalenhaut etwas abgerieben; man bemerkt dies jedoch nicht in demselben Maaße, wie bei andern Arten der Gattung, insofern der Unterschied zwischen der Farbe der Schale und der Schalenhaut in feuchtem Zustande kaum vorhanden ist. Trocknen die Schalen an, so mischt sich Grau in das Kastanienbraun, derart, daß bei vielen abgeriebenen Stücken ein unscheinbares Grau die Farbe der abgeriebenen Stellen ausmacht. Inwendig sind die Klappen glänzend und lebhaft braun, mit Ausnahme des fast weißlichen Randes. Die Vorder-Extremität ist etwas länger entwickelt, als bei den andern Arten der Gattung, doch variiert das etwas; sie ist rundlich-dreieckig, etwa rechtwinklig-nasenförmig. Die Hinter-Extremität ist ziemlich schlank und etwas zugespitzt-halbeiförmig. Der Dorsalrand bleibt zuerst ungefähr auf der Höhe, die er am Wirbel hat, manchmal steigt er wegen der starken Convexität der Wirbel zuerst etwas an, jedoch beschränkt sich dieser Anstieg nur auf den vordersten Teil des Randes; darauf wendet sich derselbe, ziemlich grade verlaufend, in schwachem Abfall nach hinten und geht, meistens etwas plötzlich nach unten abbiegend, in den Hinterrand über. Dieser ist gleichmäßig etwa in einem Kreissegment gebogen und geht in demselben Sinne in den Ventralrand über. Dieser ist in seinem hinteren Verlaufe etwas stärker gebogen, als vorn, im letzteren Bereiche ist er fast grade, manchmal sogar an der Byssus-Spalte etwas eingebuchtet; das ist aber sehr selten und nur in ganz geringem Grade der Fall; jedenfalls sieht man das nur, wenn man die Befunde anderer Arten genau kennt. Der Vorderrand fällt ziemlich steil ab, jedoch nicht ganz so steil wie bei den andern Arten; er ist fast grade, ganz schwach convex. Die Wirbel sind sehr stark aufgeblasen, umfangreich, abgeplattet, eingebogen. Die Aufblähung erstreckt sich fast über die ganze Schale; auch da, wo die Depressionen vorhanden sind, ist die Convexität der Schalen viel bedeutender, als bei irgend einer Art der Gattung. Bei allen übrigen sind die Klappen gegen den Rand zu etwas geschärft, während sie bei der vorliegenden Art in dem Winkel, welchen die Convexität der ganzen Schale angiebt, zusammen stoßen. Die vordere und obere Depression sind stark ausgeprägt. Die vordere ist besonders stark auf der oberen Hälfte des Vorderrandes; von vorn betrachtet erscheint sie bei fast allen Exemplaren als Lunula, die sogar von einer deutlich eingedrückten Stelle umschrieben sein kann; der Vorderrand an dieser Stelle ist der schärfste, der an der ganzen Schale auftritt. Die obere hintere Depression ist sehr schmal, aber außerordentlich deutlich durch einen kräftigen Eindruck abgesetzt.

Von dieser Impression an flacht sich die Depression nach dem Rande zu nicht etwa ab, sondern sie wulstet sich sogar etwas auf; von hinten gesehen, erscheint die hintere Depression als eine sehr deutlich ausgeprägte und umgrenzte Area. Diese Area erscheint ganz besonders charakteristisch, indem grade in der Impressions-Linie die obersten Schichten der Cuticula beim Antrocknen sich grauweiß färben und die Depressions-Zone sehr stark hervorheben. Eine byssale Depression ist nur in ganz schwachem Maaße festzustellen; sie ist, wie oben schon von der Abflachung des Ventralrandes an dieser Stelle gesagt wurde, nur zu sehen, wenn man den Befund anderer Arten kennt; dagegen ist jene Stelle des Ventralrandes, von unten gesehen, bei vielen Stücken dadurch ausgezeichnet, daß sie, ähnlich wie bei Tellinen, etwas S-förmig verbogen ist.

Diese Muschel ist die gewöhnlichste Art Süd-Georgiens und in Hunderten von Exemplaren, auf Tang zusammen mit M. subquadrata und M. nigromarginata sitzend, mitgebracht worden. Sie variiert zwar in der Ausbildung der hinteren Extremität außerordentlich, indem es ziemlich länglich-ovale und andrerseits wieder ganz kurze, rundlich-dreieckige Stücke giebt; doch hat die Art so viel positive charakteristische Eigenschaften, daß, freilich bei sorgfältigem Beschauen, kein Stück mit irgend einer andern Art verwechselt werden kann.

Modiolarca bicolor. **Modiolarca bicolor** *Mts.* (Taf. 4, Fig. 12 a—d.) — *v. Martens* l. c. p. 93. — Testa transverse-oblonga, utraque extremitate obtuse rotundata, medio obsolete radiatim striata, albida, dorso et postice plus minusve intense castaneo-colorata; verticibus in ⅕ siti; margine superiore anteriore oblique descendente, brevi, posteriore perlongo, paulum convexo, margine ventrali rectilineo; facies interna intensius colorata.

Schale länglich-eiförmig, bauchig, schwach oder garnicht glänzend, an der Vorder-Extremität stumpf, an der hinteren ziemlich spitz zugerundet, in einem mittleren Bereiche der Klappen mit einigen etwas erhabenen, radialen Strichen skulpiert. Die Wachstums-Absätze geben der Schale eine unregelmäßig-concentrische Faltung. Die Farbe der Schale ist weißlich; bei einigen wenigen findet sich diese Färbung bis auf die hell-kastanienbraunen oder braunrötlichen Wirbel und einen oberen hinteren Bereich der Schale; bei den meisten dagegen liegt die Farbe auf dem ganzen Bereich oberhalb der stärksten Aufblähung. Das Innere der Schale ist ebenso gefärbt wie das äußere, nur tritt die weiße Farbe sowol wie die braune hier viel intensiver auf. Die Schalenhaut ist graulich und verliert sich leichter, als bei den andern

Arten der Gattung; bei den meisten Exemplaren findet man sie bloß an den zuletzt gebildeten Schalenteilen. Die Wirbel liegen im vorderen Achtel; sie sind nach Art der Gattung eingebogen. Der Vorderrand der Schale steigt steil herab und geht, winklig gerundet in den fast stets gradlinigen Ventralrand über. Manchmal hat der letztere eine schwache Biegung, sehr selten zeigt er an der Stelle des Byssus-Spaltes eine ganz minimale Einbuchtung. Der hintere Dorsalrand ist sehr lang, im allgemeinen gradlinig, höchstens etwas convex ansteigend, dann wendet er sich nach hinten und unten und geht, ziemlich hart umbiegend, in den Ventralrand über. Die Aufblähung der Schale weicht in etwas von der anderer Gattungs-Genossen ab; die Region der stärksten Aufblähung findet sich bei fast allen Exemplaren nur als eine ziemlich schmale, von den Wirbeln in schwachem Bogen nach dem hinteren unteren Schalenende ziehende Erhöhung. Von hier aus flacht sich die Schale einerseits nach oben, andrerseits nach unten und vorn allmählich ab; deshalb sind eigentliche Depressionen nur schwach ausgeprägt, doch bemerkt man immerhin zuweilen eine hintere obere Depression; noch häufiger, aber ziemlich schwach und breit flächenförmig entwickelt, eine byssale. Das Ligament ist sehr lang und liegt in einer, seiner Länge entsprechend über den ganzen Dorsalrand reichenden, wirklichen, spaltförmigen (auf jeder Klappe als Halbspalt entwickelten) Ligamentgrube. Fast unter der ganzen Länge derselben ist ein starker Schloßrand ausgebildet, welcher bis an den Vorderrand der Schale reicht. Die Zahnbildung ist die variabelste der Gattung; fast an jedem Stück ist irgend ein Teil des Schlosses schwächer oder stärker entwickelt, als bei andern; ältere Stücke verlieren, wie bei den andern Arten, die Zähne; nimmt man den Befund einer Anzahl mittelgroßer Stücke als Norm an, so ist die Regel: Ein stark-zweiteiliger Zahn in der linken Klappe und ein einfacher in der rechten Klappe.

Die Art kommt zusammen mit Cyamium imitans an Schwämmen vor und ist von demselben äußerlich kaum zu unterscheiden; das einzig sichere, unterscheidende Merkmal sind die radiären Streifen auf der Schale der M. bicolor; diese sind freilich nicht bei allen Stücken zu erkennen, besonders nicht, wenn die Schale feucht ist. Andere Merkmale sind, daß der Dorsal- und Ventralrand bei M. bicolor grader und wagerechter, die Vorder-Extremität länger und spitzer, daß die concentrische Faltung der Schale unregelmäßiger ist und die Farbe meist nur von oben bis zur stärksten Bauchigkeit der Schale reicht.

Modiolarca trapezina *Lam.* (Taf. 4, Fig. 13.) *v. Martens* l. c. p. 93. — Sehr viele Stücke, auf den Blättern von Macrocystis angeheftet; einige sehr groß, bis 37 mm lang, 27 hoch und 18,5 dick.

Modiolarca trapezina.

Nucula minuscula *Pfr.* (Taf. 4, Fig. 15.) — Testa cuneata, antice subabrupte truncata, postice rotundato-truncata, sublaevis, incrementi tantum plicis irregularibus tenuibus, cuticula laevi, viridi-lutea, non nitente; verticibus in $^1/_4$ longitudinis sitis, subprominentibus; margo anticus rectus, fortiter declivis, rotundato-rectangulatim in marginem ventralem fortiter convexum transiens; margo dorsalis ventrali subparallelus; extremitas postica regulariter rotundata.

Long. 2,2; altit. 1,9 mm.

Schale von keilförmigem Umriß, vorn ganz steil abgestutzt, hinten zugerundet-abgestutzt; fast glatt, nur mit ganz unregelmäßigen schwachen Wachstums-Absätzen versehen, mit glatter, grünlich-lehmfarbiger, nicht glänzender Schalenhaut. Die Wirbel liegen in $^1/_4$ der Länge und ragen etwas hervor; die Einzelheiten derselben sind an dem einzigen, stark angefressenen Exemplar nicht fest zu stellen. Der Vorderrand ist grade, fällt aber sehr steil ab und geht in zugerundetem rechten Winkel in den stark convexen Ventralrand über; der Dorsalrand ist dem Ventralrand etwa parallel; er convergiert nur schwach gegen ihn nach dem Hinterende zu; das Hinterende wird von einem etwa vertical stehenden Bogen gebildet.

Leider ist von dieser Art nur 1 stark angefressenes Stück aufgefunden, sodaß die Charakteristik nur in dürftiger Form gegeben werden konnte.

Lissarca rubrofusca *E. A. Smith.* (Taf. 4, Fig. 14, a–e.) — *Smith*, Phil. Trans. Vol. 168, p. 185. — *v. Martens* l. c. p. 94. — Testa formae Modiolareae trapezinae, transverse trapezoidalis, postice aliquantum altior quam antice, antice rotundata, postice subrotundato-subtruncata, inflata, verticibus in $^1/_6$—$^1/_{10}$ longitudinis sitis vel subterminalibus, plicis confertis concentricis concinne sculpta, castaneo-purpurea, versus umbones pallidius fusca vel roseofusca; cuticula submucosa, in media et superiore testa evanida, tenui, grisea vel viridescente-grisea, supra testae plicas concentricas laminata. Margo anticus leviter concavus, fortissime declivis, rotundato-rectangulatim in marginem ventralem fortiter convexum, antice subsinuatum transiens; margo dorsalis leviter vel fortius ascendens, obtuse-rotundatim in marginem posticum transiens; margo posticus leviter convexus, fortiter declivis, in dimidia parte superiore subincisus, subabrupte in marginem ventralem transiens. Vertices inflati, plus minusve prominentes, tumidi, incurvi, contigui. Area ligamenti angustissime lanceolata. Depressiones testae duae, altera antica, angusta, pone marginem anticum sita, saepius inconspicua; altera postero-superior, magna, fortissima, maximam partem impressione sulciformi ab inflatione separata; depressio byssalis interdum conspicua; rima byssalis longa, angusta. Margo cardinalis leviter arcuatus, in media parte rectus et edentulus, antice obscure tridentatus, postice quadridentatus, denticulis posticis multo majoribus, angustis, rectilineis, albidis. Margines testae intus denticulati excepto sinu byssali in margine ventrali et margine posteriore inferiore. Color testae intus vivide brunneo-violaceus vel violaceo-brunneus.

Long. 5,6; alt. 4; lat. 3,5.
„ 5,3; „ 4; „ 3,5.

Schale vom Umriß einer Modiolarca, etwa an M. trapezina erinnernd, quer trapezoidal, hinten ein gut Stück höher als vorn; vorn gerundet, hinten in schwachem Bogen etwas abgestutzt, bauchig aufgeblasen. Die Wirbel stehen etwa am Ende des ersten Sechstels oder Zehntels der Schale, manchmal stehen sie auch am Vorderende oder ragen sogar über das Profil der gesamten übrigen Schale hinaus. Die Schale ist von sauberen concentrischen Furchen umzogen, purpurnkastanienfarbig, nach den Wirbeln zu hellgelbbraun-rot oder rosiggelbbraun. Die Schalenhaut hat die Consistenz eines schleimigen Überzugs, ist um die Ränder herum stark, zuweilen sehr stark ausgebildet, läßt aber den mittleren, aufgeblasenen Teil und die Wirbel frei; über den concentrischen Falten der Schale erhebt sie sich zu zarten, in die Höhe stehenden niedrigen Falten. Der Vorderrand steigt stark abschüssig, zuweilen rechtwinklig, herab und geht in zugerundetem rechten Winkel in den stark convexen, an der Byssusspalte etwas eingezogenen Ventralrand über. Der Dorsalrand steigt nach hinten schwach oder stark auf und geht dann in sehr stumpfer Biegung in den Hinterrand über; dieser giebt der Schale im allgemeinen eine etwas schräge Abstutzung; die Schrägheit ist indessen sehr verschieden, manchmal weicht sie von der Vertikalen wenig ab; ebenso die Convexität, wenn auch immer schwach, so doch in verschiedenstem Maaße ausgebildet. Da der Hinterrand ziemlich grade auf den stark gebogenen Ventralrand stößt, so vollzieht sich der Übergang beider etwas plötzlich. Am Ende seines oberen Drittels zeigt der Hinterrand eine einschnittartige Einziehung, welche der Grenze der hinteren oberen Depression gegen den aufgeblähten Teil der Schale hin entspricht. Der größere Teil der Schale, mit Ausnahme der Depressionen, ist ziemlich stark aufgeblasen, so auch der Wirbel, dessen Rücken ein wenig abgeplattet ist; sie ragen manchmal wenig, meist aber ziemlich kräftig empor, sind stumpf, ein wenig eingedreht und berühren sich. Die vordere Depression der Schale ist eine schmale Zone am Vorderrand, die sich oft nicht besonders stark bemerkbar macht; die hintere obere Depression dagegen ist in allen Fällen stark ausgeprägt;

sie läuft den ganzen Dorsalrand entlang, indem sie sich nach hinten verbreitert; der Grad der Verbreiterung und die Stärke des Aufsteigens des Dorsalrandes gehen dabei Hand in Hand. Sehr oft ist die Depression von der Aufblähung durch einen als schwache Furche erkennbaren Eindruck abgesetzt; da, wo diese auf den Hinterrand stößt, ist derselbe etwas eingekerbt. Die Depression an der ziemlich langen, schmalen Byssus-Spalte ist, von der Ventralkante der Schale aus gesehen, fast stets zu bemerken; im Profil dagegen sieht man sie seltener; der Ventralrand ist an dieser Stelle stets etwas eingezogen, doch bemerkt man dies am Profil der Schale seltener, dagegen fast stets, wenn man die einzelne Klappe von innen betrachtet. Der Schloßrand ist in seiner mittleren Partie ganz schmal und ungezähnelt; da, wo er in die Seitenzähne übergeht, ist er gebogen. Der vordere Seitenzahn zeigt 3 ziemlich grade, kurze, etwas unregelmäßig gebildete Zähnchen; der hintere Seitenzahn ist länger, in der Mitte verbreitert und trägt 4 schrägestehende, ziemlich starke Zähnchen, deren zweiter und dritter die größten sind. Sie sind viel stärker und sauberer ausgebildet als die Zähnchen des vorderen Seitenzahnes und bräunlich-weiß gefärbt. Der Ligamentrand ist völlig gradlinig. Die Ligament-Area ist, wenn man die Muschel von oben betrachtet, ganz schmal lanzettlich, im Profil, von der Innenfläche der Klappe betrachtet, ziemlich hoch. Die Ränder der Klappen sind gezähnelt, mit Ausnahme der Begrenzung der Byssus-Spalte und der unteren Hälfte des Hinterrandes, welche glatt sind. Die Farbe der Innenfläche der Klappe ist ein Gemisch von Violett und Braun, wobei zuweilen die eine, zuweilen die andere Farbe vorherrscht.

Ich habe hier noch einmal eine vollständige Beschreibung der Art gegeben, weil ich, im Besitze eines größeren Materiales, als es *Smith* zu Gebote stand, die weitgehende Variation der Art feststellen konnte, hiernach aber die *Smith*'sche Beschreibung nicht ganz dem Durchschnitts-Typus der mir vorliegenden Form entsprach. Besonders muß hervorgehoben werden, daß die *Smith*'sche Abbildung, Taf. 9, Fig. 17, den Umriß zwar recht gut wiedergiebt, daß die Zahnbildung jedoch verzeichnet ist, indem die Zähnchen des hinteren Seitenzahnes gradlinig und nicht geknickt sind, daß ferner die Zahl dieser Zähnchen viel zu groß dargestellt ist, insofern im Text dafür die Zahl 3—4 angegeben wird.

Brachiopoda.

Waldheimia Smithii *Pfr.* (Taf. 4, Fig. 16 a, b.) Testa ovato-circularis, ventricosa, paullo longior quam lata, sordide griseo-succinea, oleacea, rugis incrementi irregulariter et rude dense sculpta. Valvula dorsalis orbicularis versus marginem maxime convexa, minus ad verticem, in media parte planata, depressione mediana longitudinali nulla; vertice prominente, acutiusculo, depressionibus juxta verticem lateralibus duabus fortibus semilunatis. Valvula ventralis magis convexa quam dorsalis; area mediana longitudinalis levissime elevata, depressionibus lateralis levissimis, paene inconspicuis. Margines frontalis et laterales fortius curvati quam in W. venosa. Rostrum mediocre, modice curvatum, verticem valvulae dorsalis neque includens, neque obtegens; depressiones juxta rostrum nullae. Apertura rostralis maxima, semiorbicularis; area deltidialis aperta, trapezoidea, deorsum fortiter dilatata, lateraliter rudimentis deltidialibus angustissimis marginata.

Long. 8,1; lat. 7,3; crass. 5; long. valv. dors. 6,8; lat. apert. rostr. 1,9 mm.

Schale sehr stumpf (fast kreisförmig-) eiförmig, nur wenig länger als breit, schmutzig graulich-bernsteinfarbig, nach den Rändern dunkler, am Wirbel und am Schnabel weißlich, fettglänzend, mit ziemlich dicht und etwas unregelmäßig stehenden, bald schwächeren, bald stärkeren, etwas roh ausgebildeten Wachstums-Falten. Die Dorsalklappe ist kreisförmig, hat ihre größte Convexität nach dem Rande zu, eine weit geringere am Wirbel; in ihrem mittleren Bereiche, nämlich da, wo bei vielen anderen Brachiopoden die Depression verläuft, ist sie abgeplattet; eine Depression ist jedoch hier in keiner Weise angedeutet. Der Wirbel ist spitz und ragt über die kreisförmige Peripherie der Platte hinaus; rechts und links neben ihm findet sich an jeder Seite eine scharf ausgeprägte halbmondförmige Depression. Die Ventralklappe ist stärker convex als die dorsale; das mittlere Längsfeld ist nur ganz schwach erhaben, ebenso wie die beiden Depressionen zu seiner Seite nur in der allerseichtesten Form, kaum merklich, angedeutet sind. Der Frontalrand zeigt die doppelte Biegung stärker als die beiden verwandten Arten W. venosa und W. cranium, oder so, wie ganz alte Exemplare der ersteren; ebenso sind die Lateralränder stärker geschwungen. Der Schnabel ist in nur mäßiger Länge entwickelt und wenig umgebogen; er wölbt sich in keiner Weise über den Wirbel der Dorsalklappe hinweg, so daß dieser in der Aufsicht und im Profil völlig freiliegt. Neben dem Schnabel liegen keine Depressionen, höchstens kann man eine strichförmige Partie neben den Deltidialplatten-Rudimenten als die Spur davon ansehen. Die Schnabel-Öffnung ist sehr groß, halbkreisförmig, nach unten direkt in das trapezförmige, nach unten sich verbreiternde Loch übergehend, welches an der Stelle liegt, die sonst von der Deltidialplatte eingenommen wird. Diese ist nicht vorhanden und nur zwei ganz schmale, von dem Schnabel durch eine strichförmige Kante abgesetzte Rudimente liegen am Rande des trapezischen Loches.

1 Stück, festgewachsen auf einem Schwamm, der an Hydroiden-Wurzeln saß.

Von der vorliegenden Art findet sich in der Ausbeute nur 1 Stück; ich habe mich dennoch entschlossen, darauf eine Art zu gründen, weil die Schale sich von denen der in Frage kommenden Arten, M. venosa Sol., M. kerguelenensis und Wyvillii Davidson in einer Menge positiver Merkmale aufs leichteste unterscheidet. Die Möglichkeit, daß es eine junge Schale sei und infolgedessen mit den auf erwachsene Stücke gegründeten Beschreibungen nicht verglichen werden könne, ist völlig ausgeschlossen. Der ganze Habitus ist der eines älteren Exemplars; die starke Wölbung der Klappen und die rundliche Form des Umrisses, der starke Schwung der Klappenränder sind Merkmale, die man bei den jungen Stücken verwandter Formen nicht findet; diese sind verhältnismäßig flach, viel breiter im Verhältnis zur Länge, als es bei erwachsenen Exemplaren sich findet, und mit kaum oder garnicht geschwungenem Klappenrand zusammenstoßend.

Berichtigung.

Pag. 68 in der 2. Tabelle ist hinter „Margarita expansa" unter „Südspitze Amerikas" anstatt des Striches ein Sternchen zu setzen; ebenso ist pag. 67 Zeile 3 von oben anstatt der „3" eine „5" zu setzen. Darnach stellt sich das pag. 67 oben über Süd-Georgien ausgesprochene Urteil so, daß diese Insel etwa eine mittlere, verbindende Stellung zwischen der Südspitze Amerikas und Kerguelen einnimmt.

Figuren-Erklärung.[1]

Tafel 1.

Fig. 1 a, b. Trophon brevispira *Mrts* 1/1 (D).
„ 2 a, b. „ cinguliferus *Pfr* 1/1 (G).
„ 3 a, b. Cominella densisculpta *Mrts* 1/1 (D).
„ 3 c. Ein Stück Skulptur 5/1 (D).
„ 3 d Deckel 5/2 (G).
„ 3 e. Ein Junges 6/1 (G).
„ 3 f. Ein Stück Tang mit Laich 1/1 (G).
„ 4 a, b. Cominella modesta *Mrts* 2/1 (D).
„ 4 c. var. elongata 5/3 (G).
„ 4 d. „ undata 5/3 (G).
„ 4 e. Deckel 4/1 (G).
„ 5 a. b. Mangelia antarctica *Pfr* 2/1 (D).
„ 6 a. Pellilittorina pellita *Mrts*, größtes Stück 1/1 (G).
„ 6 b, c. „ „ „ kleineres Stück 1/1 (D).
„ 6 d. Junges Stück 2/1 (G).
„ 6 e. Ganz junges Stück 5/1 (G).
„ 6 f. Deckel (G).
„ 7 a. Pellilitorina setosa *Smith* 1/1 (D).
„ 7 b. „ „ „ 1/1 (G).
„ 8 a, b. Laevilitorina caliginosa *Gould* 4/1 (D).
„ 8 c. „ „ „ , anderes Stück 3/1 (G).
„ 8 d. Deckel (Sch).
„ 9 a. Laevilitorina venusta *Pfr* 3/1 (G).
„ 9 b. Vergrößerte Mündung 3/1 (G).
„ 10. Laevilitorina granum *Pfr* 8/1 (G).
„ 11. „ pygmaea *Pfr* 9/1 (G).
„ 11 a. Deckel (Sch).
„ 12. Laevilitorina umbilicata *Pfr* 7/1 (G).

Tafel 2.

Fig. 1 a, b. Lacunella antarctica *Mrts*, zwei Stücke 4/1 (G).
„ 1 c. Stück 1 a von unten gesehen 4/1 (G).
„ 1 d, e. Dieselbe Art, ein anderes Stück 4/1 (D).
„ 1 f. Deckel (Sch).
„ 2. Hydrobia georgiana *Pfr* 4/1 (G).

---

[1] Die Zeichnungen sind teils von Herrn *Dural* in Berlin (D) unter Prof. *v. Martens'* Aufsicht, teils von Herrn *Gammelt* in Hamburg (G) unter Dr. *Pfeffer's* Aufsicht teils von Herrn *Schucko* in Berlin (Sch) angefertigt.

Fig. 3. Rissoa georgiana Pfr $^4/_1$ (G).
„ 4. „ grisea $Mrts$ $^8/_1$ (G).
„ 5 a, b. Eatoniella kerguelenensis $Smith$ $^3/_1$ (G).
„ 5 c. Deckel (Sch).
„ 6 a. Skenella georgiana Pfr. von vorn $^{15}/_1$ (G).
„ 6 b. Deckel (P).
„ 7. Cerithium georgianum Pfr $^7/_2$ (G).
„ 8. Streptocionella singularis Pfr $^6/_1$ (G).
„ 9. Liostomia georgiana Pfr (P).
„ 10 a, b. Photinula expansa $Sow.$ zwei Stücke $^1/_1$ (D. G).
„ 10 c. Stück 10 a von unten (G).
„ 10 d. Deckel.
„ 11 a, b. Patella polaris $Hombr. Jacqu.$ (D).
„ 12 a, b, c. „ „ „ „ „
„ 13 a, b. „ „ „ „ „

Tafel 3.

Fig. 1. Chiton (Trachydermon) Steinenii Pfr; Fig. 1 a von oben gesehen ($^1/_1$), Fig. 1 b Kopf-, Mittel- und Schwanzplatte von oben, Fig. 1 c Kopf- und Schwanzplatte von unten (G).
„ 2. Chiton Zschaui Pfr.
„ 3 a. Chiton (Leptochiton) Pagenstecheri Pfr; Kopf-, Mittel- und Schwanzplatte von oben, Fig. 3 b von unten gesehen $^5/_1$ (G).
„ 4. Chiton (Hemiarthrum) setulosus Cpr; Kopf-, Mittel- und Schwanzplatte von oben, Fig. 4 b von unten gesehen $^3/_1$ (G).
„ 4 c. Weibchen von unten gesehen, um die Jungen in der Kiemenhöhle zu zeigen, $^3/_1$ (G).
„ 4 d. Ein aus der Bruthöhle genommenes Junge $^{40}/_1$ (P).
„ 5. Utriculus antarcticus Pfr (P).
„ 6. Tritonia antarctica Pfr; a von oben, b von der Seite $^1/_1$ (G).
„ 7. Aeolis Schraderi Pfr (G).
„ 8. „ antarctica Pfr (G).
„ 9. „ georgiana Pfr (G).
„ 10, 11. Zahnplatten von Laevilitorina caliginosa Gld (Sch).
„ 12. „ „ „ pygmaea Pfr (Sch).
„ 13. „ „ Lacunella antarctica $Mrts$ (Sch).
„ 14. „ und Kiefer von Eatoniella Kerguelenensis $Smith$ (Sch).

Tafel 4.

Fig. 1. Lyonsia arcaeformis $Mrts$ $^3/_2$ (D).
„ 2. Saxicava antarctica $Phil.$ $^1/_1$ (G).
„ 3 a, b. Cyamium Willii Pfr $^3/_1$ (G).
„ 3 c. Schloß der linken Klappe (G).
„ 4 a. Cyamium Mosthaffii Pfr $^3/_1$ (G).
„ 4 b. Schloß der linken Klappe (G).
„ 5 a. Cyamium imitans Pfr $^2/_1$ (G).
„ 5 b. Schloß der linken Klappe (G).

Figuren-Erklärung.

Fig. 6 a.   Philippiella quadrata *Pfr* ⁸/₃ (G).
 „   6 b.   Linke Klappe von innen ¹⁰/₃ (G).
 „   7.   Philippiella ungulata *Pfr*, linke Klappe von innen ⁹/₂ (G).
 „   8 a—e. Modiolarca subquadrata *Pfr* ¹/₁ (G).
 „   9.   „   „   var. ³/₂ (G).
 „   10 a—d.   „   faba *Pfr* ²/₁ (G).
 „   10 e.   „   „   von vorn gesehen (G).
 „   11.   „   nigromarginata *Pfr* ²/₁ (G).
 „   12.   „   bicolor *Mrts*; 12 a von der Seite, 12 b von oben gesehen (D)
 „   12 c.   „   „   ¹/₁ (G).
 „   13.   „   trapezina *Lam.* ¹/₁ (G).
 „   14 a—d. Lissarca rubrofusca *Smith* ³/₁ (G).
 „   14 e.   „   „   linke Klappe von innen (G).
 „   15.   Nucula minuscula *Pfr* ⁵/₁ (G).
 „   16 a, b. Waldheimia Smithii *Pfr* ¹¹/₄ (G).

v. Martens und Pfeffer, Mollusken von Süd-Georgien.
Zum Bericht über das Naturhistorische Museum zu Hamburg für 1885.

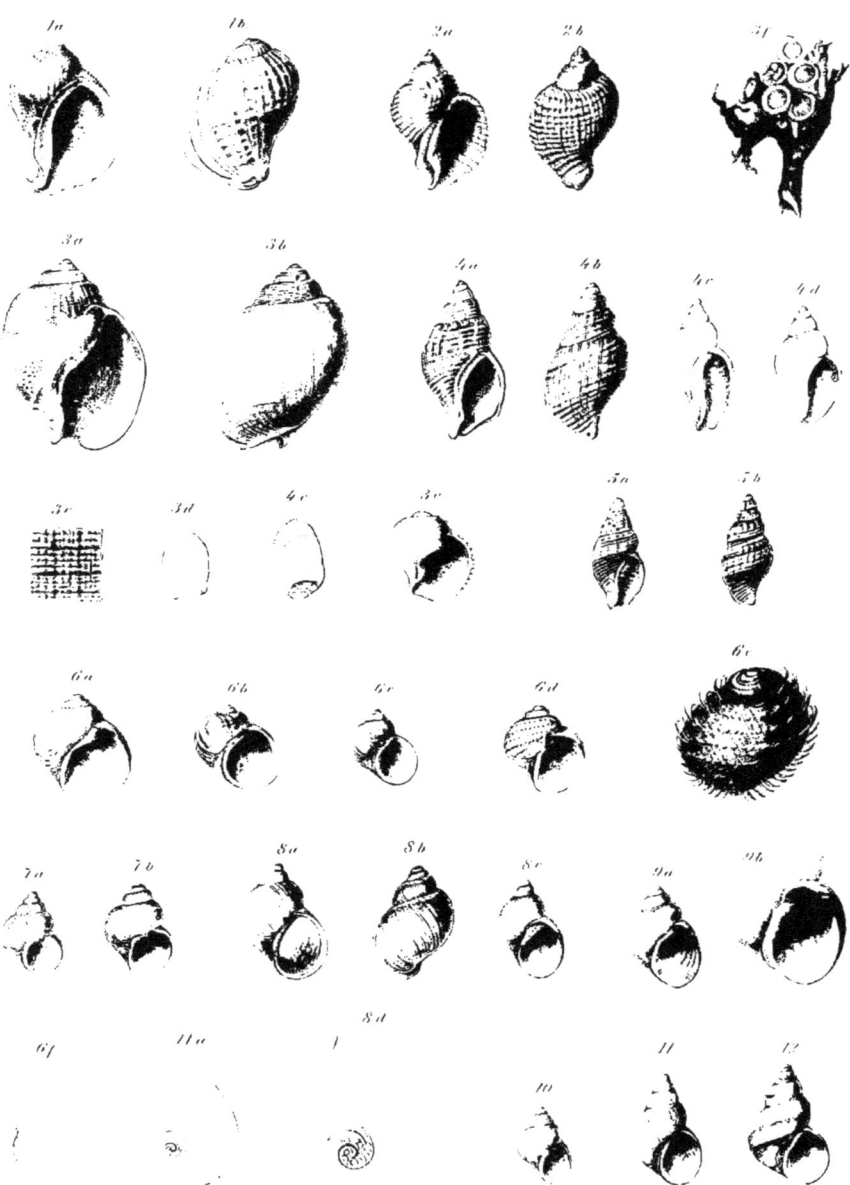

Taf. I.

v. Martens und Pfeffer, Mollusken von Süd-Georgien
Zum Bericht über das Naturhistorische Museum zu Hamburg für 1885.

Taf. II

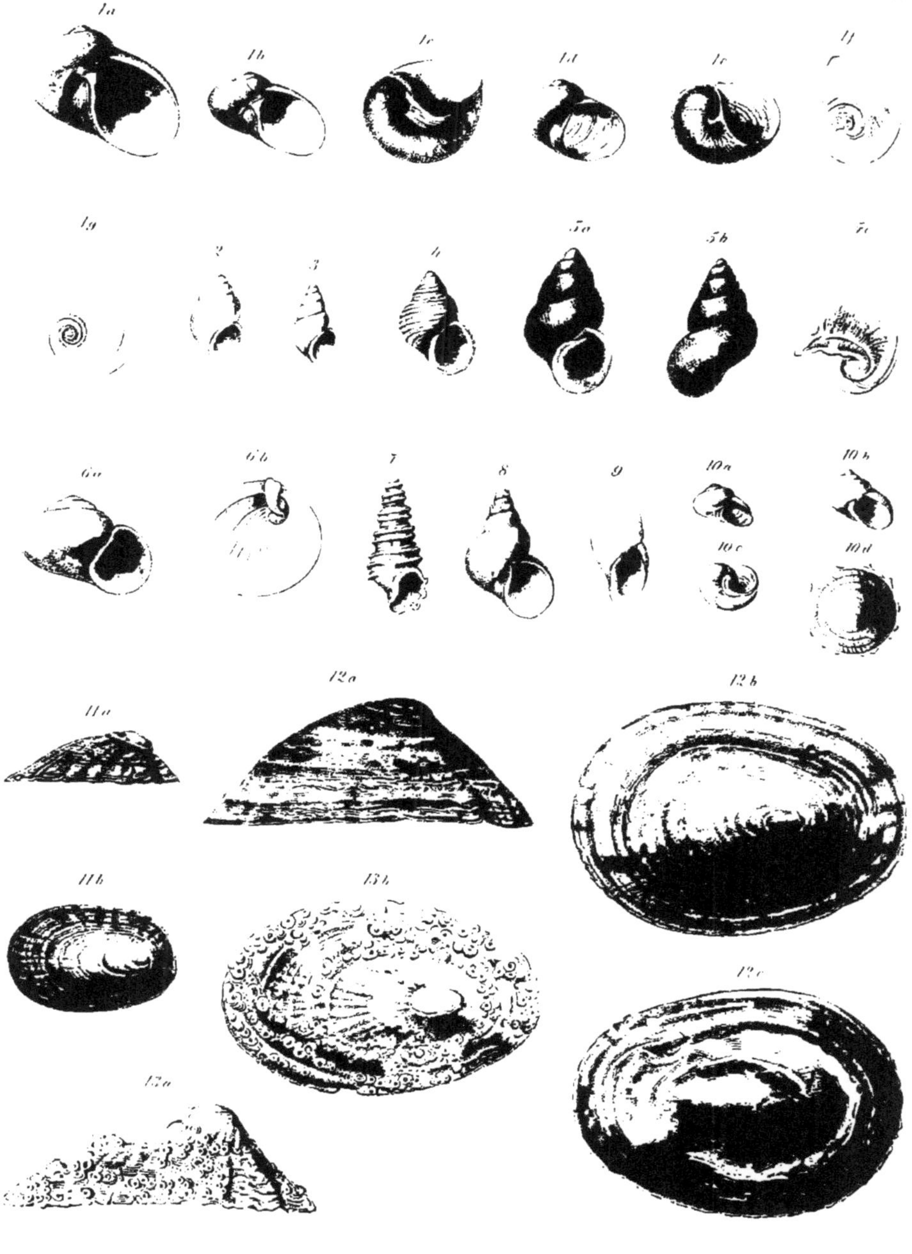

v. Martens und Pfeffer, Mollusken von Süd-Georgien.
Zum Bericht über das Naturhistorische Museum zu Hamburg für 1885.
Taf. III.

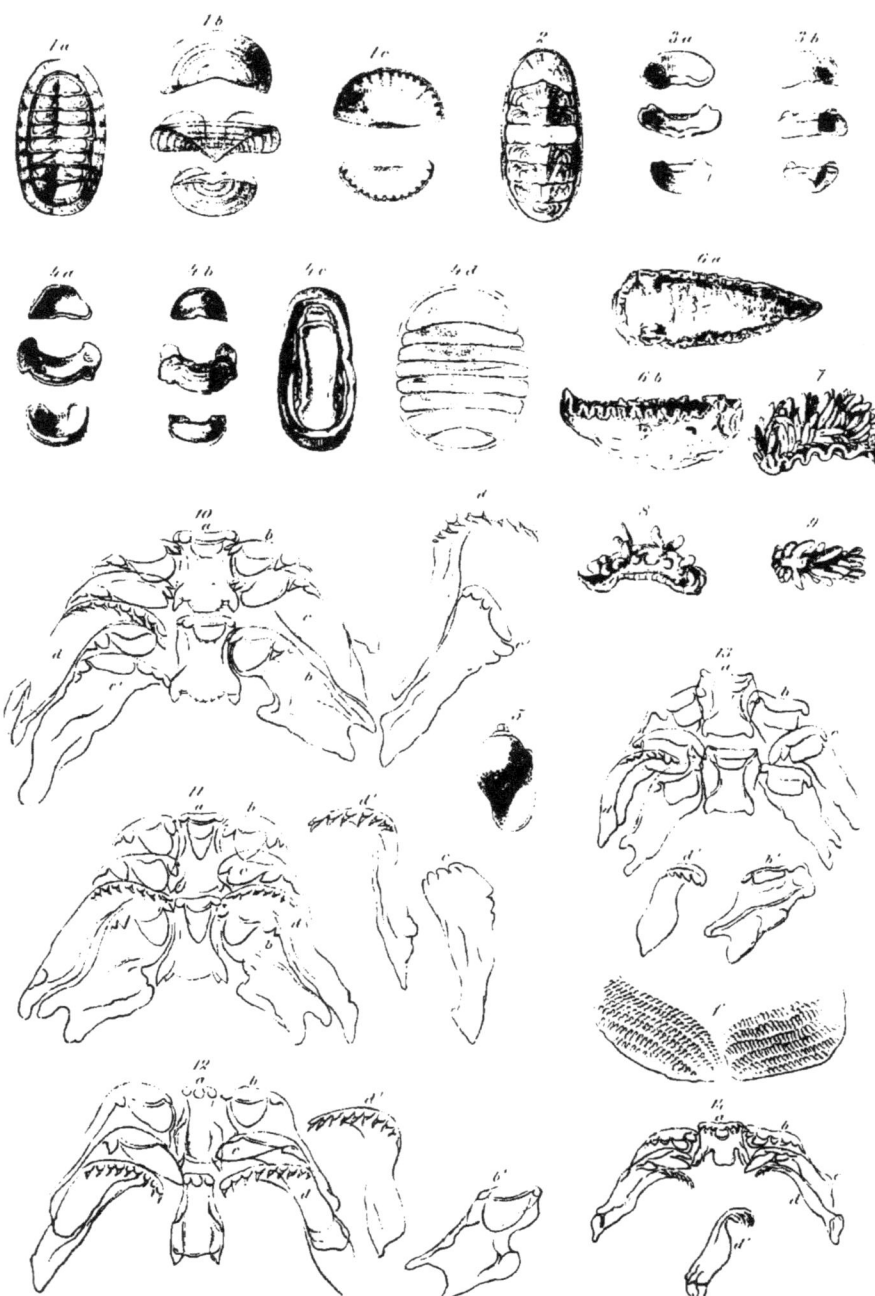

v. Martens und Pfeffer, Mollusken von Süd-Georgien
Zum Bericht über das Naturhistorische Museum zu Hamburg für 1885